日本野球の現在地、そして未来

侍ジャパン監督
井端弘和
西尾典文

目次

※文中の肩書、所属などは2024年2月時点のものになります

はじめに

本書は2023年10月から侍ジャパンのトップチームで監督を務めることになった井端弘和とスポーツライターである私、西尾典文の共著であるが、私(=筆者)が聞き手として井端本人の語った内容を中心にあらゆるエピソードを交えながら、その野球観や野球界への提言についてまとめたものである。

実際に井端本人に取材を行うことができたのは24年の1月。23年にはトップチームの監督として初陣となる『アジアプロ野球チャンピオンシップ2023』を戦い、優勝をおさめたこともあってそれ以降も多忙を極めていた時期だったが、幸運なことに長時間話を聞く機会を確保することができた。当然それだけでは不足している部分も多いため、井端が個人的に小中学生を対象に行っている『井端塾』の現場も訪れ、井端と親交の深い人物にも話を聞いている。

その中から浮かび上がってきたのは、井端という人物が日本の野球界において非常に稀有で貴重な存在であるということだ。プロ野球で一流の成績を残した選手が現役を引退するとその多くは指導者や解説者となり、タイミングによってその2つの職を行き来するというのが一般的である。ただいずれもプロ野球という枠組みの中であり、そこから違う世界に踏み出しているケースは意外なほど少ないのだ。

井端も15年に引退した後はそのまま巨人の内野守備・走塁コーチを3年間務めたが、そこからの歩みが他の指導者とは大きく異なっている。解説者としてプロ野球にもかかわりながら、その一方で社会人野球や台湾プロ野球、更には前述したように小中学生の育成年代に対しても積極的にかかわるようになったのである。近年ではプロ野球を引退して高校野球や大学野球などアマチュア野球の指導者になるケースももちろんあるが、その多くは現役時代の実績が乏しかったり、高齢になったりしてからのことが多く、十分な実績を持ったプロ野球OBが指導者の初期にこのようなキャリアを選択することはまずない。

井端がそんな選択を下した経緯についても本書では触れているが、野球に対する飽くなき探求心と好奇心がその原動力になっているのではないだろうか。そしてそこまで広く野球界のことを考えて、実際に行動できる人物はそれほど多くはないだろう。

そんな井端がどんなことを考えて侍ジャパンで指揮を執り、これからの日本野球界の未来をどう考えているのか。それが本書を通じてより多くの人に伝われば幸いである。

プロローグ

WBC歓喜からのリスタート

難航した侍ジャパン監督後任人事

2023年、国内の野球界のみならず、スポーツ界において最も注目を集めた出来事といえば3月に行われたワールド・ベースボール・クラシック（WBC）ではないだろうか。大谷翔平（当時エンゼルス）、ダルビッシュ有（パドレス）、さらには侍ジャパンで初の日系アメリカ人選手となったラーズ・ヌートバー（カージナルス）などのメジャー・リーガーが参加し、史上最強と言われた侍ジャパンはその期待通り全勝で三大会ぶり3度目となる優勝を果たしてみせたのだ。ビデオリサーチ社の調査によるリアルタイム視聴率の年間ランキングでは、WBCの侍ジャパンの試合がトップ3を独占。関東地区での瞬間最高視聴率は準決勝のメキシコ戦で村上宗隆（ヤクルト）が逆転サヨナラとなるタイムリーツーベースを放ったタイミングで、日本時間は3月21日の火曜日（祝日）の午前中であったにもかかわらず、世帯視聴率47・7％という驚異的な数字をたたき出している。

筆者はこのメキシコ戦の時に選抜高校野球の取材で甲子園球場の記者席にいたが、吉田正尚（レッドソックス）が同点スリーランを放った時と、村上がサヨナラ打を放った時には、スマホでネット中継を見ていたスタンドの観客からも思わず歓声が上がっていた。この時にグラウンドで試合を行っていた龍谷大平安の原田英彦監督は試合後のインタビューで、「(次の試合の慶応で出場する清原勝児の応援に)清原和博が来たのかと思った。なんでこんなに沸くんや？　と。何か飛んできたんかなと。控え審判に聞いたら『WBCです』と教えてもらいました」と話している。この時に甲子園球場のスタンドにいた観客と同様にネット中継で試合を観戦していた人も相当な数がいたはずであり、それを考えると少なく見積もっても国民の半数以上がリアルタイムで侍ジャパンの戦いを注視していたと言えそうだ。

WBC優勝の余韻は大会後も続くこととなる。大谷がアメリカとの決勝戦前にチームメートの前で発した「憧れるのをやめましょう」という言葉と、ヌートバーが発案した〝ペッパーミル・パフォーマンス〟が、いずれも23年の新語・流行語大賞でノミネート入りとトップ10入りを果たしたことはその一例だ。ちなみに選抜高校野球の現場でも東北高の選手が出塁した際にペッパーミル・パフォーマンスを行い、審判から注意されるという一幕もあった。

同年12月14日には、国内外の大会で活躍した選手やチームを表彰する『第72回日本スポーツ賞』(読売新聞社制定、日本テレビ放送網共催)の大賞に侍ジャパンの受賞が決定。さらに大晦日にはTBSがその熱戦を振り返る特集番組『WBC2023ザ・ファイナル』

を7時間近くにわたって放送している。これらの現象を見ても、侍ジャパンの活躍が多くの国民を熱狂させたことは間違いないだろう。

しかし23年5月末で任期が満了となり、退任した栗山英樹監督の後任人事を巡って、ここから事態は迷走を極めることとなる。各種報道では様々な候補の名前が挙がったが、最初に有力視されていたのが前ソフトバンク監督（当時）の工藤公康だった。現役時代は11度の日本一を経験するなど〝優勝請負人〟と呼ばれ、監督としてもチームを5度の日本一に導くなどその実績は申し分ない。しかしその報道に対して侍ジャパンを管轄する日本野球機構（ＮＰＢ）も工藤本人も明確に否定。7月頃には工藤ジャパン誕生の機運は一気に鎮まることとなった。

その後も前巨人監督（当時）の高橋由伸、前ロッテ監督の井口資仁、さらには国民的スターともいえるイチロー、松井秀喜などの名前も挙がったが具体的な進展はなく、9月に入ると栗山監督の再登板という声も聞かれることとなったのだ。これまでも監督人事が難航したことはあったが、11月には若手中心のメンバー構成になるとはいえ、『アジアプロ野球チャンピオンシップ２０２３』も控えており、それにもかかわらず9月を迎えても監督が決まらないというのは異例のことであった。

ようやく動きが見られたのは9月下旬だった。23年9月25日、スポーツ紙各紙が井端の監督就任が決定的となったことを一斉に報道、10月4日には正式に発表された。井端監督就任に至るまでの報道と、ＷＢＣの優勝から約半年もの時間を要したことを考えても、ドタバタの就任劇だったことは間違いない。また21年の東京五輪優勝に続く国際大会（ＷＢＣ）優勝の後を受けての監督就任ということで相当な覚悟も必要だったはずだ。そんな監督就任に至るまでの経緯を井端はこう語る。

井端「今でもはっきり覚えていますけど、正式にオファーの連絡があったのは9月21日の木曜日の夜でした。印象に残っているのが『週明けの月曜日までに返事が欲しい』ということ。ＮＰＢ側もかなり時間がなくて切羽詰まっていたみたいで、もし自分が断ったらすぐ次の人にオファーしないといけない状況だったみたいです。だから月曜日に返事をするとしても、考える時間が3日間しかなかったんですよね。こんなに急に決めないといけないのかというのが最初に思ったことでした」

前述した通り、報道が出たのが24日の日曜日であり、まさに井端本人も語る通りのスピード決着だったのだ。ただ、監督候補として名前が挙がったのは比較的早い段階だったことも事実である。3月のＷＢＣ優勝直後、工藤、高橋と並んで井端が候補となっていると報じた記事もあった。筆者も井端も、ちょうどその時は甲子園球場での春の選抜高校野球取材で連日顔を合わせており、報道が出た後に「監督やるんですか？」と聞いたところ、「やるわけないじゃないですか」という返答があったことをよく覚えている。ただこの時点では候補には挙がっていたものの、具体的なオファーはなく、その理由についても井端はこう答えている。

井端「22年からU-12（12歳以下）の侍ジャパンの監督を2年間やらせてもらって、夏にはワールドカップも控えていました。それが終わったら次はU-15（15歳以下）の監督ということも決まっていたので、まさか自分にオファーが来るとは思わなかったんです。そういう意味ではいきなりトップチームは早すぎるなということも思いましたね」

NPB側からしても、次はU-15の監督を務めることになっている井端が優先順位として低くなるのは当然であり、オファーが9月下旬までにずれ込んだ原因の一つであると言えそうだ。ただ井端は、稲葉篤紀監督時代には侍ジャパントップチームの内野守備・走塁コーチを務め、21年の東京五輪優勝も経験している。が、監督となるとU-12侍ジャパンでしか経験がない。WBCで全勝優勝という輝かしい成績を残した栗山監督の後任を務めることは相当なプレッシャーであるはずだが、それでも監督就任を決断できたのはどんな背景があったのだろうか。

井端「話をもらった時にまず『どうしようかな』と迷ったんですね。でも迷っているということは自分の中でもやる気があるんだなと思いました。これまでも野球に関することで何か依頼があって、断ってきたケースはすぐその場で決められたんですよ。だからいったん『考えます』とは言いましたけど、回答期限まで時間もなかったので、すぐに決めることができて、次の日の夜にはやりますという電話をしましたね。あとオファーの電話が（NPB事務局長の）井原（敦）さんじゃなくて、ずっと前から知っていて、いつも話をしている中村勝彦さんからだったので、身構えることなく話が聞けたっていうのもありますね。そのあたりはNPBの方も考えて中村さんからの電話にしてくれたのかもしれません。WBCで勝った後だからということは特に考えませんでした。勝ち負けについては誰がやっても勝つ時は勝つし、負ける時は負けるので。そこであれこれ考えても仕方ないかなと。それよりも考えたのは先々のことですよね。オリンピックでもWBCでも優勝できたわけですから、今のトップチームのメンバーはある程度の力があることは間違いありません。ただ、今後も何かしらの国際大会が毎年あって、選手もどんどん入れ替わっていきます。

23年の優勝メンバーでも、次の26年のWBCで主力になれる選手は多くない。26年が終わったら次は28年のロサンゼルスオリンピックもある。それを考えたらどんどん若い選手、新しい力が出てこないといけない。NPBからも、直近の大会で結果を出してくれということよりも、先々を考えて若い選手を発掘してほしいということを言われたので、そういう意味でも思い切ってやることができるなというのはありました」

10月4日に行われた監督就任会見でも11月のアジアプロ野球チャンピオンシップについて触れ、「若手選手発掘の貴重な機会である」とも話している。NPBからの要望があったということはもちろん影響していると思われるが、目先の結果だけでなく常に先のことを考えられる未来志向という点は井端の監督、指導者としての大きな特徴と言えそうだ。ちなみに当初から就任が決まっていたU-15侍ジャパンの監督についても予定通り就任することとなり、トップチームと育成年代を兼任する初めての代表監督誕生となった。

選手選考で生かされた井端の持ち味とは?

2023年10月4日に発足した〝井端ジャパン〟だが、11月にはその初陣となるアジアプロ野球チャンピオンシップが控えていたこともあって、その後は怒涛の日々だったという。10月12日にはコーチングスタッフを発表、金子誠ヘッドコーチ（ロッテ、戦略コーチ）、村田善則バッテリーコーチ（巨人、総合コーチ）は過去にも侍ジャパントップチームでの指導歴があるが、梵英心（そよぎえいしん）内野守備・走塁コーチ（オリックス、内野守備・走塁コーチ）、亀井善行外野守備・走塁コーチ（巨人、外野守備・走塁コーチ）、吉見一起投手コーチの3人は新任コーチである。これを見ても、選手だけでなくコーチングスタッフについても次世代を担う人材を育成していこうという、NPBと井端の意図がよく表れていると言えそうだ。

続いて10月24日にはアジアプロ野球チャンピオンシップに出場する26人の選手が発表された。この大会に出場できる選手資格は24歳以下（1999年1月1日以降生まれ）、もしくは入団3年目以内となっており、オーバーエイジ枠（29歳以下）として3人までを起用できるというレギュレーションになっている。23年のWBC優勝メンバーのうち、当時20歳の髙橋宏斗（中日）をはじめ、宮城大弥（オリックス）、佐々木朗希（ロッテ）、戸郷翔征（巨人）、大勢（巨人）、伊藤大海（日本ハム）、湯浅京己（阪神）、宇田川優希（オリックス）、牧秀悟（DeNA）、村上宗隆（ヤクルト）、中野拓夢（阪神）と11人の選手がオーバーエイジ枠ではなくても出場可能だったのだ。しかし井端がこの中から選んだのは牧だけ。オーバーエイジ枠についても、19年のプレミア12に出場経験のある田口麗斗（ヤクルト）以外の、今井達也（西武）と坂倉将吾（広島）の2人はトップチーム初選出だったのだ。口では若手の発掘と言うことは簡単だが、次の主要な国際大会で主力となれる選手を見極めようという強い覚悟を感じさせる人選だった。ただ、井端が巨人でコーチを務めていたのは18年までであり、今回選んだ選手の大半は、その後に一軍に定着した選手たちである。時間的な制約はもちろんだが、そういう点からも選手選考の難しさもあったのではないだろうか。

井端「監督をやりますと答えてからすぐに会見があって、コーチもお願いして、相談して選手も決めないといけない。その流れが本当に早くて、どんどん決めていかないといけなかったので、そのスピードに追いついていくのは大変でしたね。自分が稲葉さんのもとでコーチをしていた時は、夏にはスタッフが決まっていて（17年7月31日に就任が発表され、監督としての公式戦初戦は同年11月16日）、それから時間をかけて相談しながらチームを作っていったので、その時に比べるとかなり準備不足だなというのは感じていました。今回ももちろんコーチ陣と相談しながら決めたんですけど、最終的な決断は自分がするように心がけました。あと個人的に助かったなと思ったのはコーチとして東京オリンピックを経験させてもらったことですね。オリンピックの時は24人しか選べなかったので、それに比べるとアジアチャンピオンシップの26人というのはだいぶ楽だなと思いました。自分が巨人でコーチをしていた時に知っていた選手は、オーバーエイジ枠の田口を除くと坂倉だけですかね。でも23年はＷＢＣがあって、24年もプレミア12があるということもあってか、参加した選手はみんな意識高く取り組んでくれていたと思います。こちらからも今回選んだメンバーは当然来年以降の国際大会でも主力になってほしい、なってもらわないと困るし、ただ試合に出てそれで終わりじゃなくて、そこから選手自身が次に生かしていってもらいたいということは伝えました。17年のアジアチャンピオンシップに出場していたメンバーが、23年のＷＢＣでも５人（今永昇太、甲斐拓也、近藤健介、源田壮亮、山川穂高）出場していたので、26年のＷＢＣには今回のメンバーから10人以上は選ばれるようになってほしいという思いはあります」

ちなみにトップチームの監督就任が決まってからも、それまでの仕事を全て「なし」にすることはできない。後に詳しく触れるが、社会人野球のＮＴＴ東日本ではユニホームを着てコーチを務めており、個人的にも小中学生に対して『井端塾』を通して野球指導を行っている。この時期は解説者、評論家としての活動や、ＹｏｕＴｕｂｅチャンネル『イバ

TV』の出演も当然並行してこなしている。また井端はプロ野球OBとして最もアマチュア野球、ひいてはドラフト候補となる選手に精通している存在としても知られている。23年10月26日に行われたドラフト会議でもスポーツナビのリアルタイム配信で解説を行っていた。筆者も8月下旬から10月にかけて、様々な媒体で井端と顔を合わせることが多く、ドラフト会議の前後では何度も電話で話す機会もあったが、トップチームの準備にかかわる慌ただしさを感じさせることは1度もなく、実に楽しそうにアマチュア選手について話す姿が印象的だった。

また、解説者として日々の試合、プレーを見る姿勢も今回の選手選考においてプラスとなった部分も多いのではないだろうか。「野球を見ることは仕事とは思っていない」と話していたこともあるように、単純に才能を持った選手を見つけることが好きだという。井端がまだ現役時代だった11年オフには、フジテレビが当時放送していた『すぽると!』における〝プロ100人が選ぶパワーヒッターナンバーワン〟という企画で、当時ルーキーで一軍でのプレー経験がなかった柳田悠岐（ソフトバンク）の名前を挙げたという逸話もある。この時の詳細について聞くと、こう話してくれた。

井端「（自分が）たまたま調整で二軍の試合に出ていた時ですね。ルーキーだったので存在も知らなかったのですが、練習でも軽々とバックスクリーンに放り込むし、試合でももものすごいスイングでいきなりレフトフェンスに直撃する強烈なライナーを打ったんですよ。右バッターが引っ張った打球よりも速く見えて、『こいつ誰だ⁉』って思ったのがギータでした。ショートを守っていて左バッターが怖いと思ったのはその時が初めてでしたね。それくらいインパクトがあったので、オフにパワーヒッターを聞かれた時に名前を挙げました」

その後の柳田の活躍については今更筆者が述べるまでもないだろう。井端が投票したこの１票の反響は大きかったようで、柳田自身も後に感謝の言葉を口にしている。また監督就任の５カ月前の23年5月に『スポーツナビ』のＹｏｕＴｕｂｅ企画である〝井端・西尾ドラフト対談〟では12球団の補強ポイントについて話し合ったが、ルーキーや一軍デビューしたばかりの若手選手についても、スラスラとその特徴や印象を話していた。解説者として現場に足を運ぶ時も、テレビを通じて試合を見ている時も、柳田を発見したのと同様に、まだ知名度の高くない若くて才能ある選手に注目するのはある意味井端の日常とも言えるのだ。そういう意味でも、ＷＢＣ優勝後に迎える最初の大会であるアジアプロ野球チャンピオンシップが若手中心のメンバー構成だったというのは、井端にとって追い風だったとも言えそうだ。実際、大会中のインタビューでも今回選んだメンバーについて、前々から注目していた年代の選手であると話している。

改めて23年のアジアプロ野球チャンピオンシップに選出されたメンバーを見てみると、吉村貢司郎（ヤクルト）、門脇誠（巨人）、森下翔太（阪神）のルーキー3人をはじめ、佐藤隼輔（西武）、横山陸人（ロッテ）、桐敷拓馬（阪神）、古賀悠斗（西武）、秋広優人（巨人）など一軍で戦力になったばかりという選手が非常に多い印象を受ける。さらに言うと根本悠楓（日本ハム）はこの年一軍で5試合の登板、石橋康太（中日）は39試合の出場と、まだまだ実績に乏しい選手も含まれている。24歳以下、もしくはプロ入り3年目以内というレギュレーションはあるものの、ここまで思い切った選手選考をするのは簡単なことではない。これも普段から若手の才能を探し続けてきた井端だからこそ、可能となったチーム構成と言えそうだ。

しかしこれらのことは井端と以前から接する機会があったから分かることであり、また大会後に長い時間をかけてインタビューをして知ったことでもある。一般的なプロ野球ファンにとって、現役時代のショートの名手としての井端のことは知っていても、指導者としての資質や力量などは未知数だったはずだ。本編ではそんな井端がなぜ最初の国際大会で結果を残すことができたのか、また指導者としての井端を支える土台となっているものは何なのか、さらには井端の視線で見た、日本野球の現在地と未来について詳しく触れていきたいと思う。

まず第一章では井端がこれまでのトップチームの監督とは異なる強みを持っていることと、それを生かして勝ち取ったアジアプロ野球チャンピオンシップでの裏話。第二章ではプロ野球引退後のキャリアとそれを選んだ理由。第三章では指導者としての強みを生み出す要因の一つとなっている小中学生の指導について。第四章では指導者とは別のスカウティングの視点、さらに第五章では侍ジャパンに抜擢した大学生や今後注目のアマチュア選手についても触れている。そして第六章では日本の野球界の現状と今後に向けての提言についてもまとめている。

井端はこれまでも自身の培ってきた技術についての書籍はあっても、ここまで自身の経歴や野球界全体に向けての考えなどをまとめたものは他にはない。栗山のように指導の第一線から離れた人物であればそれまでの経験を振り返ってまとめることもよくあることだが、現役の侍ジャパン監督である井端がこれから本格的に指導者としてのキャリアをスタートさせるこのタイミングで自身の考えを述べるというのも異例と言えるだろう。ただそういう姿勢を見せて、様々な考えを発信するリーダーというのも今の時代にマッチしていると言えるのではないだろうか。また筆者にとっても井端という指導者、人間が持つ魅力を多くの人に知ってもらいたいという思いも強く、ここからスタートする第一章以降で少しでもそれが伝わることを望みたい。

第一章

いぶし銀のキャリアから代表監督へ

歴代代表監督の中では圧倒的に地味な存在

かつて野球の日本代表といえばアマチュア選手のものであった。1954年に第1回アジア野球選手権が開催されることになったのをきっかけに、高校野球と大学野球を管轄している日本学生野球協会と日本社会人野球協会（85年から日本野球連盟に改称）が共同で『日本アマチュア野球協会』を結成したのがその始まりとされている。この日本アマチュア野球協会が主導してアジア野球選手権に日本代表チームを6度送り込んだが、学生側と社会人側の対立があってこの組織は解散。67年、新たに日本学生野球協会と日本社会人野球協会の付属機関として『日本アマチュア野球国際委員会』が設立され、その後の国際大会を戦うこととなった。が、こちらも組織名に〝アマチュア〟とついていることからも分かるように、プロ野球は完全に蚊帳の外という状態が長く続いた。

それでも日本のアマチュア野球の競技レベルは高く、公開競技として行われた84年のロサンゼルスオリンピックでは金メダル、続く88年のソウルオリンピックでも銀メダルを獲得している。ロサンゼルスオリンピックでは伊東昭光（当時・本田技研、元・ヤクルト）、広澤克実（当時・明治大、元・ヤクルトなど）、ソウルオリンピックでは野茂英雄（当時・

新日鉄堺、元・近鉄など）、古田敦也（当時・トヨタ自動車、元・ヤクルト）など、後にプロ野球で大活躍する選手も多く参加している。

92年のバルセロナオリンピックから野球が正式競技として採用されることが決まると、付属機関ではなく統一された組織が必要となり、90年にアマチュア野球の代表組織である『全日本アマチュア野球連盟』が設立され、日本オリンピック委員会と国際野球連盟に加盟することとなった。ただしこの組織は日本のアマチュア野球を〝代表〟しているだけで、日本学生野球協会と日本野球連盟の上部組織ではなく、あくまでもオリンピックなどの国際大会に出場するためのもので、このあたりにも日本の野球界の複雑さが表れている。正式競技になってからも日本代表チームは92年のバルセロナオリンピックで銅メダル、96年のアトランタオリンピックでは銀メダルを獲得するなど、金メダルこそ逃したものの結果を残し続けた。バルセロナオリンピックでは伊藤智仁（当時・三菱自動車京都、元・ヤクルト）、小久保裕紀（当時・青山学院大、元・ダイエーなど）、アトランタオリンピックでは松中信彦（当時・新日鉄君津、元・ダイエー、ソフトバンク）、福留孝介（当時・日本生命、元・中日など）、谷佳知（当時・三菱自動車岡崎、元・オリックス、巨人）などが出場している。

ようやく野球の国際大会にプロ選手の出場が可能になったのは、国際野球連盟（ＩＢＡ

F）が認めた98年からだ。しかしこの年に行われたバンコクアジア競技大会の野球競技においての日本代表は従来通りアマチュア選手のみで、全員がプロ選手を揃えた韓国代表に決勝で敗れて準優勝に終わっている。日本代表が国際大会で勝つためにはプロ選手が必要という機運が高まったのはこれ以降のことである。翌99年に行われたシドニーオリンピックのアジア予選を兼ねたアジア野球選手権では、全日本アマチュア野球連盟がプロ野球側に要請する形でプロ選手の出場が決まった。この時の代表チームにはアマチュア時代にオリンピック出場経験のある古田、松中、さらにルーキーながらこの年最多勝に輝くことになる松坂大輔（当時・西武）など8人のプロ選手が参加。決勝リーグでは韓国に逆転負けを喫して前年のアジア競技大会に続いて優勝は逃したものの、シドニーオリンピックの出場権を獲得している。

しかし翌年の本大会を巡っては、プロ野球のペナントレース中ということもあって選手の派遣に難色を示す球団が続出。パ・リーグの6球団は1名ずつの派遣となったが、セ・リーグの6球団からは2名にとどまり、予選にも出場してチームの要となることが期待された古田の派遣は見送られることとなった。大学生5人、社会人11人、プロ8人という構成で臨んだ日本代表は予選リーグでアメリカ、キューバ、韓国に敗れるなど苦戦。何とか4位で予選通過を果たしたものの、準決勝でキューバに完封負けを喫し、3位決定戦でも韓国に敗れて4位に終わり、公開競技だった84年のロサンゼルスオリンピックから続いていたメダル獲得は途絶えることとなった。

この結果にようやくプロ側も重い腰をあげ、２００４年のアテネオリンピックからはプロ選手を中心に代表チームを編成することを決定。チームの編成についても、01年以降は全日本アマチュア野球連盟から全日本野球会議（プロ、アマチュアを含む主要な野球組織で構成された組織）へと移行されることとなる。しかしいずれもプロ・アマ混成で臨んだ01年のＩＢＡＦワールドカップ（4位）、02年のＩＢＡＦインターコンチネンタルカップ（5位）でも結果を残すことができなかった。この時の監督は三菱重工三原、慶応大で指揮を執った後藤寿彦だったが、この結果を受けて更迭。これ以降、日本代表チームの監督もプロ野球出身者が務めていくこととなる。ちなみに井端は01年のＩＢＡＦワールドカップ、02年のＩＢＡＦインターコンチネンタルカップにおいて、どちらも選手として出場しているが、日本代表が最も苦しんでいた時期だったと言えるだろう。

このような紆余曲折を経てオールプロで編成されることになった日本代表。国際大会での成績が低迷する中、さらにプロの一流選手を招集するためにも監督にはスター性、カリスマ性が求められ、白羽の矢が立ったのが国民的スターで巨人の監督を退任していた長嶋茂雄だった。03年に行われたアテネオリンピックのアジア予選では、長嶋のもとスター選手を揃えた日本代表は3戦全勝で1位突破。井端も代表メンバーに選ばれており、3試合全てに出場している。アテネオリンピック本大会では長嶋が脳梗塞で指揮を執ることができず、ヘッドコーチだった中畑清が監督代行を務め、優勝こそ逃したものの銅メダルを獲得。06年に始まったWBCでは長嶋の盟友ともいえる王貞治（当時・ソフトバンク監督）が監督を務め、イチロー（当時・マリナーズ）、大塚晶則（当時・レンジャーズ）のメジャー・リーガー2人の招集にも成功し、第1ラウンドと第2ラウンドで韓国に連敗するなど苦戦したものの、見事初代王者に輝いている。09年の第2回WBCでは原辰徳（当時・巨人監督）が指揮を執り、大会連覇を達成。しかし監督人事に難航した反省から、11年10月のNPBオーナー会議では、国際大会に合わせてチーム編成をするのではなく代表チームの常設化を決定。チームの呼称も『侍ジャパン』として各年代の代表チームも合わせて統一することとなった。

前置きが長くなったが、後に触れる日本野球への提言についても重要な部分であると考え、日本代表チームの歴史、変遷について説明した。現在のトップチームが主要な国際大会に出場する時は、国内でプレーしている一流選手が参加するのが当たり前になっているが、そうなるまでには相当な年月を要し、多くの障壁があったことがよく分かるだろう。このような背景もあって、プロが中心となってチーム構成されるようになってからの代表監督は、あらゆる方面に顔が利くことが求められ、常にプロ野球界の〝大物ＯＢ〟が務めていた。長嶋以降の監督と、その主な経歴を並べてみると以下のようになっている。

長嶋茂雄（03年アテネオリンピック予選）
通算２４７１安打・４４４本塁打　監督通算１０３４勝（リーグ優勝５回・日本一２回）

王貞治（06年ＷＢＣ）
通算２７８６安打・８６８本塁打　監督通算１３１５勝（リーグ優勝４回・日本一２回）

星野仙一（08年北京オリンピック）
通算１４６勝・34セーブ　監督通算１１８１勝（リーグ優勝４回・日本一１回）

原辰徳（09年ＷＢＣ）
通算１６７５安打・３８２本塁打　監督通算１２９１勝（リーグ優勝９回・日本一３回）

山本浩二（13年ＷＢＣ）

通算2339安打・536本塁打　監督通算649勝（リーグ優勝1回）

小久保裕紀（15年プレミア12・17年WBC）

通算2041安打・413本塁打

稲葉篤紀（19年プレミア12・21年東京オリンピック）

通算2167安打・261本塁打

栗山英樹（23年WBC）

通算336安打・7本塁打　監督通算684勝（リーグ優勝2回・日本一1回）

合計8人のうち超一流選手の証しと言われる名球会入会基準の2000本安打を達成している大打者が5人。原も2000本安打には到達していないが、長嶋、王の後の巨人の4番を長く任されたチームの〝顔〟と言える存在だった。指導者の経歴としては王、星野、原の3人は代表監督を務めた後の数字も含まれているが、それ以前にも十分な実績を残している。選手としての実績という意味では圧倒的に乏しいのが栗山だが、日本ハムの監督として2度のリーグ優勝と1度の日本一を経験しており、何よりも大谷の二刀流を後押しさせたという意味では唯一無二の存在とも言える。栗山が監督でなければ23年のWBCに大谷とダルビッシュの2人がチームに加わることは難しかっただろう。

井端も中日、巨人で通算1912安打を放ち、ベストナイン5回、ゴールデングラブ賞7回に輝いており、球史に残る名選手であることは間違いないが、選手のタイプ的には完全なチャンスメーカーであり、打撃タイトルとも無縁である。またプロ球団での指導者としての経歴も、引退直後に3年間巨人で内野守備・走塁コーチを務めただけで、監督経験もない。これまでの代表監督と比べると、どうしても圧倒的なネームバリューやスター性に欠けると感じた野球ファンも多かったのではないだろうか。

指揮官として大きかった二つの経験

そんな〝いぶし銀〟というイメージの強い井端だが、監督としての初陣となったアジアプロ野球チャンピオンシップを終えての野球界の反応は上々だ。優勝という結果を出したことはもちろんだが、監督就任から大会までの準備期間が短かったにもかかわらず、それについても全く言い訳めいたことを口にすることはなく、試合後のインタビューでも的確な受け答えをしていたという点が大きいように感じられる。
多くの指導者は選手時代にプレーしていた監督の影響を受けることが多い。井端も中日時代は星野に始まり山田久志、落合博満のもとでプレーしており、巨人に移籍した時の監督は侍ジャパンでも結果を残した後の原だった。また中学生の時、対戦したチームの港東ムースを指導していた野村克也（元・ヤクルト監督など）にピッチャーからショートへの転向を勧められ、プロ入り後も頻繁に挨拶をしていたという縁もある。そんな井端が監督になった時に参考になった選手時代の経験を訪ねると、あがったのはプレーした期間が長かった星野や落合ではなく、原の名前だった。

井端「中日時代は基本的にレギュラーでずっと試合に出させてもらっていたので、あまり采配とか試合の流れについてゆっくり考える余裕はなかったですよね。ベンチからサインや守備位置の指示が出て、『ん？』と思うようなケースも当然ありましたけど、すぐに試合は流れていくわけですから、監督やコーチの指示通りに動かなくてはいけません。そういう意味では巨人に行ってからの経験は大きかったですね。シーズンが始まる前に（同学年の）高橋由伸と自分が原監督に呼ばれて、『お前たち2人はもういい年齢なんだから、今後を考えて野球の勉強をしなさい』って言われたんですね。由伸も自分も代打とかで試合の途中から出場するケースが多くて、大体1回から5回くらいまではベンチにいることが多かったですから。だから2人で並んで試合を見ながら、『あー、この場面はこうかな？』とか色々意見を言い合っていました。原監督も采配とかで気になったことがあれば、『何でも聞いてくれ』と言ってくれたので、いつもではないですけど試合が終わった後に『なぜあの時は強攻だったのか』『その意図は何だったのか』とか聞きに行くこともありました。そんな風に野球をしっかりと考えるようになったのはその時からですね。もちろんプレーする準備もあったので、いつもジーッと見ていたわけではないですけど、試合の途中から出場するうえでも、ゲームの流れとかをしっかり見極めておいた方が良いということも、原監督の意図としてはあったのかもしれません。だからスタメンで出場する機会が減っても、それを逆にプラスとしてとらえられたというのはありますね。解説者になってからももちろん、監督の意図や試合展開を考えながら見ていますけど、ベンチから見ているのとはやはり見え方が違います。だから現役時代にグラウンドレベルで試合の流れを考えながら野球を見られたというのは大きい経験でしたね」

原に野球を勉強するように指示された2人は、2015年に揃って引退。翌年から高橋は監督、井端は内野守備・走塁コーチとして巨人でタッグを組むことになる。野球の指導者はサッカーのようなライセンス制度がないため、現役を引退してすぐに指導者になることができるが、いきなりコーチになって何を教えていいか戸惑うケースも多いという。そういう意味では高橋も井端も現役生活の後半にレギュラー選手とは違う目線で野球を学び、また意見を交換できる相手がいたということも幸運だったと言えそうだ。

さらに井端には他の指導者にはないもうひとつの強みがあった。それは巨人のコーチ退任後に、プロだけでなく社会人から少年野球まで幅広く指導してきたという経験だ。そうなった経緯や意図などは後の章で詳しく触れるが、中でも大きかったと話すのが22年から2年間務めたU-12侍ジャパンでの経験だという。

井端「解説者で外から野球を見たり、アマチュアも含めて色んなチームに臨時コーチみたいな形でも行かせてもらいました。ただ、個人的にめちゃくちゃ大きかったのはU-12で監督をやらせてもらったことですね。特に1年目はなかなか勝てなくて、ワールドカップでも7位だったんで、最初の方はずっとイライラして怒ってばかりいました。何でこんなことができないのかってずっと思っていましたね。寝坊して遅刻した選手にもすごく怒りましたし。でもよく考えてみればまだ小学生の子ども。普段知らない人と一緒に生活して、しかも海外となればいつものようにできないのも当然ですよね。1年目の時はとにかく試合に集中させたい、緩めたくないということで選手と保護者もなるべく近づけないようにしていました。２年目はそういうこともやめて、晩ご飯を保護者と一緒に食べに行かせる機会も作りました。あと選手のことをよく見るようになりましたね。寝坊したのであればそれは疲れているというサインですし、リラックスできていないのかなと。小学生は特に普段の生活にも個人差が出やすいんですよ。食事の時でもみんなで騒がしくしている選手もいれば、１人でおとなしくしている選手もいる。じゃあ騒がしい選手がこちらの話を聞いていないかというとそういうわけでもない。だから無理にみんな同じように行動させせなくてもいいなと思うようになりました。あと野球に関して言うと、小学生だと良くも悪くもこちらの想定からかけ離れたプレーをするんですよ。練習を見て大丈夫だと思って試合に出したら全然上手くいかないこともありました。だからなるべく試合中にポジションを変えたりせず、ピッチャーも途中から投げる選手はベンチからスタートさせて、準備をしっかりさせるようにしました。それでもなかなか上手くいかないですからね。２年目のU-12の時はそういうことを経験していたので、何があってもイライラすることはなくなりましたし、プラスに考えられるようになりました。そんな小学生を相手にやってきたことと比べれば、大人のしかもプロの選手となれば、こちらの想定を大きく外れるようなことはありません。だからベンチでも比較的落ち着いて試合に臨めていたと思います」

U－12ワールドカップの成績を見てみると、井端が初めて監督を務めた22年はオープニングラウンドでアメリカ、韓国、ドミニカに敗れ、その後の順位決定ラウンドでは3連勝したものの7位という成績に終わっている。翌23年は前年に敗れたアメリカ、韓国、ドミニカにはいずれも快勝。惜しくもメダルは逃したものの、前回大会を上回る4位という結果を残した。精神的にも肉体的にもまだまだ未熟な小学生の代表チームを指揮し、反省を生かしながら結果に繋げたことは井端にとっても大きな経験だったと言えそうだ。

大胆さと準備が生んだ優勝

そして迎えた2023年11月のアジアプロ野球チャンピオンシップ。井端が見出した若い才能はその場で多くの輝きを見せることとなる。トップチームの監督として初采配となった巨人との練習試合では打線が振るわず0対1で敗れたものの、続く広島との練習試合では12安打で6対3と快勝。予選リーグでもチャイニーズ・タイペイに4対0、韓国に2対1、オーストラリアに10対0（8回コールド）と3連勝で危なげなく決勝進出を決めた。まず目立ったのが侍ジャパンの最大の強みとも言える投手陣だ。初戦のチャイニーズ・タイペイ戦では0対0の6回から3番手で登板した根本悠楓（はるか）が2イニングをパーフェクト、

3奪三振と圧巻の投球で相手打線を封じ込め、1点リードの8回も桐敷拓馬が三者凡退に抑えてクローザーの田口麗斗に繋いだ。続く韓国戦では昨シーズン大きく成長した隅田知一郎（西武）が7回を被安打3、7奪三振で無失点とほぼ完璧なピッチングを披露。8回を任せられた横山もヒットと四球で2人の出塁を許したものの、2つの三振を奪い、無失点で田口に繋いでいる。投手起用については中日時代のチームメートで、U-12侍ジャパンでも投手コーチを務めた吉見に任せていたとのことだったが、吉見もトップチームでコーチを務めるのはこの大会が初めてということもあって、密にコミュニケーションはとっていたという。

井端「巨人のコーチ時代も守備位置のこととか、誰を起用するとかは考えながら見ていましたけど、ピッチャーに関しては初めてだったので大変でした。吉見も初めてだったので色々迷ったところはあったと思いますが、それもいい経験になりましたよね。そろそろ交代した方がいいんじゃないかなと思って吉見を見て、ベンチに座っていた場合はまだ大丈夫かなと思ってそのまま任せました。逆に吉見が『どうしますか？』と相談してきた時には、最終的な決断は自分でするようにしました。根本は予選リーグでは2イニング、決勝では3イニング投げたんですけど、そこまで引っ張ろうと決めたのは自分の判断でした。

ペナントレースでも登板した試合は少なかったのですが、打者一巡まではほとんど打たれたことがなかったので、初めて対戦するバッターには難しいタイプだなということは分かっていました。また決勝はタイブレークもあるので、なるべく使えるピッチャーを残しておきたかったということもありましたね」

ペナントレースでの実績という意味では22、23年と2年連続で50試合以上に登板している清水達也（中日）や、23年33試合に登板してチームの日本一にも貢献した及川雅貴（阪神）などの方が上だが、それでも大事な決勝でまだ経験の乏しい根本を抜擢し、期待通りに結果を残したことは、井端にとっても根本自身にとっても大きな自信となったはずだ。またその起用についてもただ闇雲に指名したのではなく、ペナントレースのピッチングから根本の特性を見抜き、根拠を持って登板させたというところに井端の監督としての〝才〟がよく表れていると言えそうだ。

その一方で攻撃に関しては、「特にこれといった采配をしようとは考えていなくて、極力送りバントをしなくても勝てればいいなと思っていたくらいです」と話しており、実際予選リーグの3試合では1度も送りバントをすることなく合計で16点を奪っている。また大会前に野手に対しては、全員がヒットを打つことを目指そうと話していたとのことだったが、起用した合計14人の野手のうち11人がヒットを放っている。井端自身もレギュラーシーズンと国際大会でのプレーは全く別物であると話しており、そこで結果を残すことがいかに若手選手にとって大きなことかを身を以って経験している。それゆえ、まずは細かい制約を設けずに積極的に打つことを重視したということだろう。さらに特筆すべきは10人もの選手が打点を記録したこと。打線の中心はWBCにも出場した牧と位置付けていたようだが、他の選手もチャンスに臆することなくのびのびとスイングする姿は強く印象に残った。ここで得た経験は今後の侍ジャパンにとっても大きな財産となったはずだ。

しかし、このような大胆さだけでアジアプロ野球チャンピオンシップの優勝を勝ち取ったわけではない。決勝の韓国戦で井端は監督としての異なる一面を見せることになる。試合は3回に先発投手の今井達也が、四球とファースト・牧秀悟のバント処理エラーでピンチを招く。そして、韓国の4番に座るノ・シファン（ハンファ）にタイムリーツーベースを浴びて2点を先制される苦しい展開となる。ちなみにノは23年の韓国リーグで23歳の若さながら31本塁打、101打点で本塁打と打点の二冠王に輝いており、最も警戒すべき打者だっただけに、この2点は点数以上にダメージは大きかったはずだ。

それでも今井自身の状態は悪くないという判断もあって続く4回も続投し、このイニングは三振も奪って無失点で投げ終えている。決勝戦ということで先制された時点で早めの継投という判断もあったと思われるが、打たれて降板するのではなく抑えて降板する方がいいイメージを持てるという判断もあったようだ。そして5回から登板した根本は前述した通り3イニングを無失点と好リリーフを見せている。

打線は5回に牧がエラーの汚名を返上するソロホームランを放ちようやく1点を返す。続く6回には先頭打者の万波中正（日本ハム）のツーベースと、この大会チームとして初となる送りバントを門脇誠が決めてワンアウト三塁のチャンスを作り、佐藤輝明（阪神）の犠牲フライで同点。まさに大技と小技を絡めた理想的な攻撃で奪った2点だった。ただその後は日本、韓国両チームの投手陣が踏ん張りを見せ、2対2の同点のまま9回を終了。試合は延長10回からタイブレーク（無死一・二塁からスタート。打順は前のイニングからの継続打順）に突入することになる。そしてこの時に生かされたのが井端の社会人野球でのコーチ経験だった。

井端「（コーチを務めていた）NTT東日本でも、5～6試合は実際にタイブレークを見てきました。プロでは採用されていないので、日本のベンチでも実際に経験したことがあるのは自分だけだったんじゃないですかね。何試合も見ていると大体展開が予想できるようになるじゃないですか。ただ自分のチームが表か裏か、また表に何点とられたかでも展開は大きく変わってくるので、セオリーらしいセオリーはないと思うんですよね。特に今回の決勝戦は後攻だったので難しいなとは思っていました。それでも社会人で実際に見てきた経験がなかったらもっと迷っていたと思うので、それは本当に大きかったですね」

現在の野球界では試合時間の短縮や選手への負担軽減のために多くの大会でタイブレーク方式が採用されているが、国内の主要カテゴリーで最も早く導入したのは社会人野球で、03年の公式戦から採用されている。当初はスタートするイニングや経過時間、アウトカウント、走者、打順などもバリエーションがあったが、コロナ禍以降はより試合時間短縮の機運が高まり、多くのアマチュア野球のカテゴリーで、延長10回から導入されるケースが大半となっている。しかしＮＰＢにおいては20年と21年のファーム日本選手権で、延長11回以降無死一・二塁からスタートするルールで試合を行ったが、実際に適用される展開とはならず、一軍、二軍を通じて公式戦で採用されたことはない。国際試合においては08年の北京五輪から採用され、その後の大会でもマイナーチェンジはありながらも継続しているだけに、今後を考えてもタイブレークでの戦い方というのは非常に重要なものになっていくと考えられるだろう。

アジアプロ野球チャンピオンシップの決勝戦では、10回表に先頭打者のキム・ドヨン（起亜）をショートゴロで併殺打に打ちとったものの、続く3番のユン・ドンヒ（ロッテ）にセンター前へのタイムリーヒットを浴びて1点を勝ち越される。その裏の侍ジャパンの攻撃は3番の森下翔太から。森下はここまで11打数5安打でチームトップの打率をマークしており、それまでの戦いぶりを考えると強攻策を予想したファンも多かったはずだが、ここで井端が選択したのは代打・古賀悠斗での送りバントだった。失敗すれば采配に非難が集まる可能性は極めて高くなることは間違いないが、それでもこの判断について井端に迷いは全くなかったという。

井端「裏の攻撃で1点を追う展開っていうのが多いんですけど、それが一番難しいと思っていました。勝つためには2点取らないといけないし、だからといって0点で終わったら負けてしまう。そう考えると最低でも1点を取って追いつくことをまずは優先すべきだなと。そう考えていたので、タイブレークの裏の攻撃で同点か1点を追う展開だったら送りバントをしようというのは大会前から決めていました。そうなると誰がバントをするかというのも大事ですよね。それも決めないといけないなと思って、シーズン中のデータを見たら、控えのキャッチャーとして考えていた古賀と石橋の成功率が高かったんですね。大会前のキャンプの時点で、2人にはそういうケースでの『代打での送りバントは頼むよ』

ということは伝えていました。成功率では石橋の方が高かったんですけど、決めた数では古賀の方がだいぶ多かったので最終的には古賀で行こうと。代打のバントって難しいんですよ。自分も07年の北京オリンピックの予選で、試合終盤に代打で送りバントをしたことがありました。しかも前の試合でふくらはぎにデッドボールが当たって走れない状況で、ファーストコーチーをしてたんですね。ベンチには宮本（慎也、元・ヤクルト）さんもいたんですけど、守備固めも必要だったので、自分はバントしかできないからっていうのもありましたけど、ファーストコーチーからそのまま打席に向かったので明らかに準備不足でした。あの時はセカンドランナーが阿部（慎之助、現・巨人監督）で、何とか決めた後に代走に荒木（雅博、元・中日）が送られたんですけど、『先に代走出しておいてくれよ』と思いましたね（笑）」

　采配らしい采配は考えていないと話しておきながら、一番難しいタイプブレークでの戦い方をしっかり想定していたのは見事という他ない。また最も難しい役割と考えていた代打での送りバントについても、データに基づいて候補となる選手を選定し、実際の場面が訪れるはるか前から伝えることでしっかり準備をさせていたということも、成功率を高めるうえで極めて大きかったはずだ。

大役を任された古賀は初球をしっかり転がして見事に送りバント成功。続く牧は申告敬遠で満塁となったが、5番の坂倉将吾がセンターへ高々と打ち上げる犠牲フライを放ち同点に追いつく。韓国はこの後の万波も申告敬遠で2度目の満塁策をとったが、最後は門脇がレフト前に弾き返すタイムリーを放ち、サヨナラという劇的な形で井端ジャパン最初の国際大会を優勝で飾った。ちなみに韓国で10回から登板したチョン・ヘヨン（起亜）が投じた球数は2度の申告敬遠もあってわずか4球。同点から逆転まで一気に押し切ったという印象も受けたが、井端の頭は次の展開でいっぱいだったという。

井端「相手が最初に満塁策をとってきた時は、ダブルプレーというのは当然頭をよぎりました。坂倉が初球で犠牲フライを打ってくれて同点に追いついたのでまずはホッとしましたね。でもまだ同点止まりなのでこのまま終わったら次の回のことも考えないといけない。ピッチャーも当然準備をしてもらっていました。それでも攻撃は続いているわけですから、グラウンドのことも考えないといけない。最後は門脇が決めてくれましたけど、この日は明らかに最初から状態が良くなかったんですね。だから打席に入る前に、本来の良さが出るようにアドバイスはしました。1点を争うギリギリの展開で、次の回のことも考えながら目の前のプレーにも指示を出すというのはなかなかできない経験ですし、自分も選手もそんな中で勝ち切れたというのは本当に大きな経験だったと思います」

殊勲のサヨナラ打を放った門脇も試合後のヒーローインタビューで、井端からかけられた声について「前の打席、強引に引っ張っていたということで、『いつも通り入れ』ということを言われたので、いつも通りいきました」と話している。選手に任せる部分は任せながら、大事なところでは鋭い観察眼を生かしたアドバイスを送っており、それが最高の結果に繋がった一因となったと言えるのではないだろうか。ちなみに門脇が放ったサヨナラタイムリーは三遊間を破ってレフト前に転がったものだったが、シーズン中に放ったヒットの内訳を見てみると、83安打中4割以上にあたる34本が左方向への打球であり、まさに「いつも通り」の良さを発揮した結果だったと言えるだろう。門脇はこの大会での活躍もあって全国的な知名度はさらに上がり、2024年シーズンからはプロ入り2年目でありながら早くも一桁の背番号「5」を背負うこととなった。

このように選手の成長や経験を重視した思い切った井端の選手起用と采配は、U-12侍ジャパンを指揮したことから得たプラス思考が礎となっているように感じられる。また社会人野球のコーチとしてタイブレークを経験していたことや、先の展開を読んで作戦を決め、データに基づいて重要な場面で起用する選手を決めて、準備をさせる周到さも持ち合わせていることがよく分かったのではないだろうか。指導者にはあらゆる引き出しが必要だとよく言われるが、わずか4試合の中でそれだけのものを感じさせたことが、監督としての井端を支持する声が増えている要因と言えそうだ。次の章からはそんな井端を形作ってきたさまざまな要素をさらに深掘りしていく。

第二章

プロから
アマチュア野球の世界へ

悔しい結果の中でも得た経験

第一章でも触れたが、井端は2015年限りで現役を引退。同学年で同じタイミングで現役を退き、監督を任せられることになった高橋由伸からの要請を受け、翌年からは巨人の内野守備・走塁コーチを務めている。井端がそれまでに放っていたヒット数は1912本。名球会入りの基準であり、超一流選手の証しの一つでもある2000本安打も十分狙える数字だったが、本人はそれに対する未練は全くなかったという。振り返ってみると、13年のオフに中日を自由契約となり巨人に移籍することになった時も、ファンやマスコミからはチームの黄金期を支えた功労者に対する扱いとは思えないと、中日球団や就任したばかりの落合博満ゼネラル・マネージャー（当時）に対する批判の声は多かった。が、井端自身にネガティブな感情はなく、むしろ引退後の野球人生を考えると中日以外の球団を知っておくことは重要だと考えていたという。U-12侍ジャパンでの監督経験でプラス思考を持つことができたとも語っていたが、引退や移籍のエピソードを聞いても、環境や立場が変わることに対して肯定的にとらえられる素養は持っていたと言えそうだ。

井端が巨人のコーチを務めていた時代、セ・リーグは広島が三連覇を達成。巨人は2位、

4位、3位という結果に終わり、1度も優勝に届くことはなかった。投手では内海哲也、杉内俊哉、野手では阿部慎之助、村田修一などの力が落ち、チームとして過渡期を迎えていたこともあったが、常勝を義務付けられた球団でこの結果は評価されるものではない。18年を最後に、監督の高橋とともに井端もコーチを退任となった。

わずか3年間の巨人でのコーチ生活で、チームの成績を見れば悔しい結果と言えるが、それでも井端にとって得たものは多かったという。それは守備指導においての気づきだった。

井端「プロの選手は当然アマチュア時代のプレーを評価されて入ってきているので、それまでやってきたことへの自信があるんですよね。だからこちらの言うことに対しても、半信半疑みたいな感じで受け取る。それは見ていても分かります。逆に岡本（和真）は高校時代に守備に関しては全く教わったことがなかったという。だからこちらが言うことに対して愚直に取り組むんですね。本当に0の状態からのスタートだったからか、就任して最初の秋季キャンプで全員に伝えた練習を、岡本だけがしっかりやってきていました。本人も守備に関しては知識が全くなくて、それが新鮮だったということもあるかもしれませんね。その後の練習も嫌な顔もせずに取り組んでいました。逆に吉川（尚輝）は守備が評価されてドラフト1位で入ってきた選手です。シートノックでもスピードと守備範囲の広さは凄くて、『それに追いつくの?』っていうような打球にも届くんですね。ただ、自分のプレーに自信があったからか、どうしても自分のやり方にこだわる部分が強くて、こちらの言うことをなかなか聞こうとしない面がありました。捕球も送球も器用だからこそ、腕や手を使いすぎてしまうんですよ。下半身が止まって、手で投げようとするから送球を引っ掛けることがある。でも、そう言ってもなかなか直らない。長いシーズン試合に出て、疲れてきた時にそういうことが増えてきて、ようやく身を以って分かったのか、それからだいぶ良くなりました。だからこの2人を見ていても、守備を評価されていたのは吉川ですけど、岡本は教わっていなかっただけで、そういう選手の方が逆に上達が早いこともあるんだなと思いましたね。教わっていなかった、知らなかったっていうのは決してマイナスだけじゃない。それだけの練習をこなせる体力があったというのはもちろん大きいですけど」

岡本は智辯学園から14年のドラフト1位で巨人に入団しているが、高校時代は3年春に出場した選抜高校野球では背番号「5」を背負っていたものの、ファーストで出場することが多く、守備に関しては鈍重なイメージが強い選手だった。プロでも当初はファーストだったが、20年からはサードにコンバートされ、21年からは2年連続でゴールデングラブ賞を受賞するまでになっている。プロ入り時点で岡本がホームラン王や打点王を獲得することは予想できても、サードでゴールデングラブ賞を受賞するような名手になると予想できたファンや関係者は少なかったはずだ。岡本にとっても守備という武器ができたことは大きかったが、井端にとっても指導者としてのスタートで、このような成功事例ができたことは大きな経験であったことは間違いないだろう。

自分が知らない野球を知るために

２０１８年に巨人を退団し、選手時代を含めて21年間所属していた〝プロ野球〟の世界からは１度退くこととなった井端。17年から侍ジャパントップチームのコーチを務めており、完全にプロ選手を指導する立場を離れたわけではなかったが、基本的な肩書としては解説者ということになった。現役時代の実績と巨人で既にコーチを務めていた経験もあることから、そのまま解説の仕事をメインで行っていても、再び指導者としてプロのユニホームを着る可能性は極めて高かっただろう。しかし井端はその道を選択しなかった。巨人を退団した18年12月には学生野球の指導に必要な『学生野球資格回復制度』の研修を受講。

指導の舞台をアマチュア野球に広げることになったのだ。そしてその井端が最初に選んだのが社会人野球の世界だった。その理由を本人はこう語る。

井端「最初に社会人野球を選んだのは、自分が経験していない世界だったからということですね。高校野球、大学野球は自分も実際経験してきて、ある程度どんなものかはイメージが湧きます。でも社会人野球のことは知らない。選手たちはどんなことを考えていて、どんな野球をするのかを知りたいというのが大きかったです。実際にコーチをさせてもらって思ったのは、プロの選手ほど高く評価されていたり自分に自信があるわけではないということもあってか、こちらの言うことを素直に聞いてくれる選手が多いということですね。1カ月間、『この練習だけを徹底してやろう』って言ったら、本当に馬鹿みたいになってやってくれる。じゃあプロ野球選手と比べて能力が凄く落ちるかといったら、決してそういうわけではなくて、社会人にも力のある選手はいっぱいいるんですよね。ほとんどが大学までやってある程度結果を残してきた選手ですから。でもその差ってどこで生まれるのか、大学なのか、高校なのか、もっと前なのかということを考えていると、どんどん遡って下のチームも見てみたくなりました」

　改めて日本のアマチュア野球界のカテゴリーについて説明すると、中学生までは数多くの団体があり、ボールもプロと同じ硬式と、それよりも軟らかくて軽い軟式に分かれている。それ以降、本格的に野球を続ける選手は日本高等学校野球連盟（日本高野連）が管轄する高校の硬式野球部に進み、そこから大学、社会人、プロ野球へと分かれていく。日本高野連の発表によると、23年に硬式野球部に所属していた部員は約13万人。全日本大学野球連盟の資料では、硬式野球部員は約2万8000人となっている。これを見ても、高校野球で本格的な競技生活は一区切りというケースが大半であることが分かるだろう。さらに社会人野球の企業チームとなると、全国で約90チームとなり、プレーしている選手の数は一気に3000人程度まで減少する。高校から企業チームに直接進むような選手は、23年のドラフト1位で指名された度会隆輝（横浜→ENEOS→DeNA）のようにその多くはプロ入りを見据えているケースであり、また大学から進む選手もその多くが強豪チームの主力だった選手である。打撃だけ、守備だけといった一部のプレーを切り取ればプロよりも上ではないかという選手も多く存在している。簡単に言えば大学までは希望すれば野球を続けられるが、社会人は選ばれた選手しか進めない世界であり、そういう意味ではレベルは非常に高いのだ。

　また、社会人野球のもうひとつの特徴が大会形式と選手の入れ替わりの早さにある。企業チームが優勝を目指す主要な大会は夏に東京ドームで行われている都市対抗野球と、秋に主に京セラドーム大阪で行われている日本選手権の二つがあるが、ともに大会方式は負けたら終わりのトーナメント制となっている。年間143試合を戦うプロ野球とは当然1試合の重みが違い、30歳を過ぎた〝大人〟の選手が勝敗で涙を流すようなことも珍しくない。また同じチームに10年以上所属しているような選手は非常に少なく、大半は30歳前後でユニホームを脱ぐことが多い。名門と言われるようなチームは、都市対抗野球の出場が至上命題ともなっており、そういう意味ではプロと変わらないくらいの厳しい環境とも言えるのだ。井端が社会人の選手が「馬鹿になって取り組んでくれた」と話す背景には、このような事情も大きく影響しているのではないだろうか。

井端が、社会人野球でコーチを務めることになったのは、東京を本拠地としているNTT東日本だが、そうなった経緯において欠かせない人物がいる。それが当時チームの監督を務めていた飯塚智広だ。飯塚は千葉の二松学舎大付属沼南高校で投手としてプレー。甲子園出場こそなかったが、2年生の夏には千葉大会で決勝にも進出している。亜細亜大で同学年の井端とチームメートとなると、外野手に転向して東都大学リーグで2度のベストナインも受賞。卒業後はNTT東日本の前身であるNTT関東に入社し、1年目から主力として活躍している。第一章でも紹介したプロ・アマ混成チームで臨んだ2000年のシドニーオリンピックの日本代表選手でもある。14年からはNTT東日本の監督となり、17年にはチームを都市対抗優勝に導くなど、選手としても指導者としても社会人野球を代表する人物と言えるだろう。

井端との付き合いは大学1年生の時からで30年近くになるが、当時の井端は飯塚の目にはどのように映っていたのだろうか。

飯塚「高校時代は存在を知らなくて、最初に接したのは高校野球を引退した後の夏に行われた亜細亜大のセレクションでした。『本当に野球がうまいな〜』っていうのが第一印象ですね。紅白戦で3安打くらい打ったと思うんですけど、プッシュバントあり、右打ちあり、みたいな感じで。それまでも単純に球が速いとか、遠くに飛ばすとかで凄い選手は見ていたんですけど、『野球がうまい』と思った選手は彼が初めてだったと思いますね。凄いプレーをするわけではないのでどうしても地味なんですけど、こいつがドラフトで指名されなかったらスカウトの人は見る目がないなと思って見ていました」

井端自身は謙遜もあると思われるが、高校時代からそれほど自分の力量に自信を持っていたわけではなく、亜細亜大で活躍しても本当にプロから指名されるとは思っていなかったという。プロ側の評価もそれほど高かったわけではなく、ドラフトでの順位も5位というもので、指名がなければ社会人野球に進む予定だったそうだ。それでも飯塚が最初に衝撃を受けたように、光るものがあったことは確かだろう。しかしそれはあくまでも選手としてであって、将来指導者になるようなタイプには見えなかったという。

飯塚「野球じゃなくて、人間的なことで言うと最初の印象は結構人見知りだなと思いましたね。タイプとしてもみんなをグイグイ引っ張っていくような感じでは全くなくて、同級生の中でも寡黙でした。プレーの時もそんなに声を出さないんですよ。それでも実力があるから許される存在でした。僕らは馬鹿みたいに声を出していないと許されなかったんですけどね(笑)。むしろ、お互い選手を引退してからの方がよく話すようになったんじゃないですかね。だから少なくとも大学時代は、将来監督になるようなタイプとは思っていませんでした」

そう語る飯塚だが、その一方で後の指導者としての高い資質を感じるシーンも確かに目撃していたそうだ。

飯塚「まだ正式には大学に入る前のことです。自分は2月に入寮したんですけど、彼は1月に入寮していて、オープン戦にも使われていたんですね。自分は当然スタンドからその試合を見ていたんですけど、試合中に監督が守備のタイムをとってマウンドに行って、何かを井端に話しているんですよ。後から何を聞かれたか本人に聞いてみたら、『この場面の守備位置はどうすればいいと思う?』と言われたと。監督は井端を試す意味で聞いたと思うんですけど、入学前の選手が監督からそんなことを聞かれたら普通、慌てるじゃないですか。でもそんな様子は全くなくて、『この場面はこういう理由で前進した方がいいと思います』みたいなことを言ったそうなんですよ。プレーだけじゃなくて、その光景にもビックリしました。彼の中にはプレーの流れがちゃんと頭の中にあって、それが整理できているから、監督の質問にも慌てずに答えられたのかなと思いますね。そう考えてみると、大学時代から今まで何かに動揺しているとか、慌てているのを見た記憶がないですね。とにかく自分のペースが崩れない。だから選手としても成功したのだと思いますし、指導者としても周りを不安にさせないという意味では大きいかもしれませんね」

前述したように、井端自身はU‐12侍ジャパンの監督を務めた1年目は終始イライラしたと話していたものの、ベンチでの立ち居振る舞いを見ても決してそれを表に出すようなことはなかったようだ。また現役時代もただ漫然とプレーしていたのではなく、練習の時からその目的や、監督、コーチの意図を考える癖はつけていたという。実際にそれが表に出てくるようになったのは現役引退後のことかもしれないが、その片鱗は身近でプレーしていた飯塚には伝わっていたということだろう。

そしてNTT東日本の監督を務めていた飯塚が、コーチとして井端に求めたのはそういう部分でもあった。

飯塚「本人も社会人野球に興味があって、ちょうど自分も監督をしていたので臨時コーチをお願いすることにしました。当然あれだけの選手ですから守備とかいろいろ教えてもらいたいということもありましたけど、僕が衝撃を受けた相手を見てプッシュバントをするだとか常に試合展開を読んで守備位置を考えるとか、そういう野球偏差値の高さをチームに浸透させてもらいたいなという思いが強かったですね。臨時コーチという立場で遠慮していた部分もあったとは思うんですけど、試合が終わった時にいろいろ振り返って、『あの場面はこういう選択肢もあったよね』などと言ってくれたりすることもあって、選手のレベルアップはもちろんですけど、僕が助かる部分も多かったですよね」

井端が飯塚のもとで臨時コーチを務めたのは19年から。2年目の20年はちょうど新型コロナウイルスの感染が拡大し、社会人野球でも公式戦の大半が中止となったが、開催時期を12月にずらした都市対抗野球でチームは準優勝を果たしている。また翌年も日本選手権、都市対抗野球ともにベスト4に進出。NTT東日本は元々強豪チームではあるが、これだけ続けて全国大会で上位進出という結果の裏には、井端の貢献も多少なりともあったのではないだろうか。

飯塚は21年限りで監督を退任したものの井端とチームの繋がりは続き、22年からは肩書の〝臨時〟の文字も消え、ユニホームを着てベンチに入ることにもなった。もちろん解説者や他の仕事をこなしながらの活動であり、常にチームに帯同したわけではないが、オープン戦やローカルの大会でもその姿を見ることは多かった。臨時コーチでスタンドから試合を見ることと、監督や選手と一緒にユニホームを着てベンチから試合を見るのではやはり視点は大きく異なる。その両方を知ることができたのも井端にとっては幸運なことだったはずだ。また前述したように社会人野球は負けたらそこで大会が終わりというケースも多く、そういう雰囲気の中でコーチを経験したことは、指導者として大きなプラスになっているとも話している。監督を退任した飯塚もチームにかかわる機会は多く、そこで井端の指導者として学ぶ姿勢を感じたそうだ。

飯塚「選手に教えながら彼自身も色々考えているんだろうなとは思っていましたけど、僕が監督を辞めてフラットな立場で話すようになってからの方が、それをより感じるようになりましたね。プロであれだけ実績がありながらも、社会人野球から色々学ぼうとしてくれていることが、社会人野球出身者としては嬉しかったですよね。僕が監督の時はやっぱりどうしても立場もあるので、思っていても言えなかったことも多かったと思いますけど、忌憚なく言えるようになったからか、それをより感じるようになりました。でも侍ジャパンのトップチームの監督になって、ますます手が届かない存在になってしまった感はありますね。少し前までは僕が監督だったのに、逆にこんなに早く『井端監督』って呼ぶ日が来るとは思っていませんでしたから（笑）。でも大学の同期としては凄く嬉しいことですし、本当に誇らしいと思っています」

ちなみに井端と飯塚は、小中学生を対象に行っている『井端塾』でも、ともに指導を行っている。『井端塾』で子ども達に対して指導を行っている井端の様子については、また後の章で触れることとする。

井端が社会人で見出した才能

筆者はアマチュア野球にかかわる取材が圧倒的に多く、井端のことを初めて身近に感じたのはＮＴＴ東日本のコーチとしてであった。ただ、それは直接本人に接したのではなく、同業者であるスポーツライターから、ＮＴＴ東日本のある選手を井端が絶賛しているという話を聞いたのが最初だった。

その選手とは現在、北海道日本ハムでプレーしている上川畑大悟のことである。上川畑は岡山県倉敷市の出身。県内の強豪で星野仙一の母校としても知られる倉敷商から、東都大学野球の日本大を経て、２０２２年にＮＴＴ東日本に入社している。筆者がそのプレーを初めて見たのは日本大1年秋のことで、小柄だが守備が上手くて打撃もしぶとい選手だなという印象だった。上川畑は大学4年間で東都大学野球の一部、二部合わせて84試合に出場して85安打を放ち、2年秋にはセカンドのベストナインを受賞してチームのリーグ優勝にも貢献している。ちなみに井端の亜細亜大時代の東都一部リーグ戦通算安打数は78安打であり、それと比較しても立派な成績と言えるだろう。ただ１６７㎝と井端よりもさらに小柄であり、スピードはあるものの、足だけで勝負できるほどの特別な脚力があるわけではない。大学4年間で数えきれないほどそのプレーを見たが、正直プロ野球に進むような選手ではなく、いかにも社会人野球らしい選手というイメージが強かった。実際、上川畑は日本大卒業時点ではドラフト指名に必要な『プロ野球志望届』を提出することなく、NTT東日本へと入社することとなった。そこで井端との接点が生まれたということである。

井端が上川畑を高く評価していると聞いたのは、20年春のことだったと記憶している。同業者のスポーツライターから当時聞いた話では、「上川畑をマークしていなかったら、そのスカウトは仕事をしていない。守備に関してはそれくらいの選手」と井端が話していたというのだ。プロでも守備の名手として知られた井端がそこまで言うのであれば、当然無視することはできない。その後、NTT東日本の試合を見る度に上川畑のプレーをより注目して見るようになったが、正直そこまでの選手とまで感じることはなかった。上川畑はこの年が社会人2年目でドラフト指名解禁の年だったが、前述したように公式戦の大半が中止となった影響もあってか、指名する球団はなかった。

大学を卒業して社会人に進んだ選手が3年目を迎えると25歳となり（上川畑は1月生まれのため24歳だが）、プロに入団した時点で既に中堅と言える年齢となることもあって、一気にドラフト指名のハードルは高くなる。21年も上川畑のプレーを見ることは多かったが、熱心にマークしている球団はほとんどないという印象だった。しかし迎えたその年のドラフト、上川畑は日本ハムから9位で指名を受けたのだった。やはり井端と同じように評価していたスカウトはいたのだと思ったことをよく覚えている。

今回、上川畑を担当した日本ハムの坂本晃一スカウトにも、当時のことについて話を聞くことができた。ちなみに坂本はプロでの選手経験はないものの、長く母校である桐蔭学園でコーチを務め、中学生のスカウティングにもかかわっていた人物であり、同校OBの鈴木大地（楽天）や茂木栄五郎（楽天）といった名内野手を指導した経験も持っている。

坂本「私は大学時代の彼のプレーは見たことがなくて、最初に見たのはNTT東日本のルーキーとして入ってきたばかりの時でした。第一印象は守備でとにかく慌てない。大学から社会人に進むと当然バッターのレベルも上がるので、打球の速さも違いますし、難しい打球も多くなる。でもそれに対しても本当に一切慌てることなくさばいていたんですね。だからこの子は打球が全部止まって見えているんじゃないかなと思ったんですよ。それくらい落ち着いていました。華のある派手なプレーをするわけではありませんが、当たり前の守備が当たり前にできる。これは（ドラフト指名解禁の）2年目が楽しみだなというのが社会人1年目でしたね。ただ2年目も守備は相変わらず安定してさらに上手くなっていると思いましたが、バッティングの向上が見られなかったんです。外野の頭を越すこともなく、打球速度も変わらない。守備だけとなるとちょっと苦しいかなと。ましてや名門のNTT東日本さんですし、社会人で長く続けるという道もあるわけですから。そう思って2年目は指名を見送りました。ほとんどの球団はもうこの段階で対象から外したんじゃないですかね。でも守備は間違いないという認識でしたから、私は3年目も（ドラフトの）対象だと思って考えていました。そうしたら春先のオープン戦ですね。浦安の球場だったんですけど、ライトポール際に110メートルくらい飛ぶ弾丸ライナーのファウルを打ったんですよ。構えもヤクルトの青木（宣親）選手みたいに少し猫背にするスタイルに変えて、明らかにスイングも打球も強くなっていたんですね。それを見て、ちゃんとバッティングにも取り組んできたんだなと思いました。（当時の）飯塚監督にも『今年も上川畑をしっかり見させてもらいます』と伝えたら、『順位は何位でもいいから本人も行けるならプロに行きたいと言っています』と言うので、その年も何度も見ました。それでもやっぱり守備は疑いがない。桐蔭学園でコーチをしていた時に鈴木大地や茂木栄五郎も鍛えてきて、彼らにはまた違った良さがありますけど、本当に頼りになるという内野手という意味では上川畑じゃないですかね。3年目になってずっと課題だった打撃も力がついたことは分かった。そう判断したので球団には順位は何位でも指名できる選手で、レギュラーになるかまでは分からないけど、一軍の二遊間の選手層を確実に厚くできる選手だということで推薦しました。そうしたら本当に（支配下指名の）一番下の9位での指名になったんです。ただそれは本人が何位でもと言っていたからで、球団としても評価していなかったわけではありません。契約金は高くありませんでしたが年俸も下位指名の中では高かったですし、背番号も一桁の「4」にしていますから。後日談として翌年、NTT東日本の偉い方に、『何もうちの選手を一番下で指名しなくてもいいじゃないか』と言われたことはありましたが、一緒にいた飯塚さんが『まあまあ』と言ってちゃんとおさめてくださいました（笑）」

そんな経緯で日本ハムに入団した上川畑だが、1年目からいきなり一軍で80試合に出場して打率2割9分1厘という成績を残す。ちなみに76安打という数字はこの年のセ・パ両リーグのルーキーを通じてトップである。また最大の持ち味である守備でも度々好プレーを連発。その巧みさから、ファンの間では〝神川畑〟という異名で呼ばれることになったほどだ。

井端の目から見て、上川畑の守備は入社当時はまだまだ粗いところがあったとのことだが、動きの無駄をなくす基本をしっかり叩き込み、また上川畑もそれにこたえてしっかり取り組んでいたという。その成果が実ったプロ入りであり、また1年目からの活躍と言えるだろう。岡本和真のように守備を教わってこなかった選手ではないものの、いかにも社会人野球向きと思わせた選手の技術をさらに一段階向上させ、プロの一軍でも戦える選手までに成長させたことは、指導者としての井端にとって大きな自信になったのではないだろうか。

また打撃に関しては社会人3年目に成長を見せてはいたものの、井端も坂本もプロ1年目からここまで結果を残すとは思っていなかったとのことだが、それに関しても決して偶然というわけではなさそうだ。井端はこう話す。

井端「守備に不安がなくなると、打撃やそれ以外のプレーに集中できるというのはあると思います。自分もプロに入団してしばらくは守備の技術がないと痛感したので、そればかり取り組んでいました。ある程度プロでも守備は大丈夫だなと思えると、打撃にも安心して取り組めるようになるんですね。プロに入ってから、守備も打撃もプロのレベルになかなか追いつかないとなると、両方取り組まないといけないので大変ですよ。上川畑に関しても、社会人である程度守備はできたという自信がついて、打撃に集中できたんじゃないですかね。あとは体力が落ちてくると守備も打撃も崩れてくるので、『シーズンの長いプロでやるためには基礎的な体力をつけないといけないよ』ということは伝えました」

上川畑はプロ2年目となった23年は、出場試合数は前年の80試合から108試合に伸ばしたものの、ヒット数は76本から62本へと減少。打率も2割1分2厘といわゆる『2年目のジンクス』に苦しんだが、このあたりは井端の指摘する体力的な問題もありそうだ。ただ担当スカウトの坂本はこれも良い経験だったのではないかと話す。

坂本「球場が新しいエスコンフィールドに替わって、芝の状態も良くなかったので自信のあった守備にもためらいが出たんじゃないですかね。バッティングに関しては当然相手チームも研究してきますから、そうは簡単に続けて打たせてはもらえません。ただそうやって苦しんでいながらも、常に前向きに取り組んでいましたから、これもきっと良い経験にしてくれると思っています。あと彼に関して言えば、本当に考え方もしっかりしていて、野球選手としてだけじゃなくて1人の社会人、1人の人間としても評価していたということもありました。だからプロに入った年齢としては遅かったですけど、何とか1年でも長く現役をやってもらって、引退した後も何かしらの形で球団に残ってもらいたいなと。担当スカウトとしてはそんなことも夢見ています」

愚直に取り組む姿勢は井端も高く評価していた部分であり、そういう意味でも社会人から貴重な人材をプロ野球の世界に輩出したと言えそうだ。

そしてもう1人、プロの世界には進んでいないものの、NTT東日本で井端がその能力を高く評価している選手がいる。それが21年に入社した内山京祐だ。内山は千葉の名門である習志野高校から中央大へ進学。大学では現在侍ジャパンのトップチームで活躍している牧秀悟（DeNA）の一学年下で、ともにクリーンアップを打つこともあった。ちなみに井端がアジアプロ野球チャンピオンシップで牧を招集する際には、内山を通じて連絡を取ったのだという。

上川畑については守備を高く評価していた井端だが、内山については逆でそのバッティングを高く評価しているという。内山の打撃についての話が出たのは、23年のドラフト会議前に社会人の候補選手について話している時のことだった。

井端「社会人の野手でもドラフト候補としていろんな名前が挙がっていますけど、バッティングだけならうち（NTT東日本）にいる内山も相当いいと思いますけどね。右ピッチャーも左ピッチャーも関係なく打てますし、長打力だってある。ただ守備がどうしても厳しい。もう少し早くから守備にもちゃんと取り組めていたら十分プロで通用する選手だったと思います」

内山は入社2年目の22年に出場した都市対抗野球で、4試合に出場して18打数9安打、1本塁打、打率5割という圧倒的な数字を残して首位打者を獲得。この年の社会人野球年間ベストナイン（外野手部門）にも選ばれている。23年はチームが都市対抗野球、日本選手権ともに出場を逃したものの、内山の打棒は健在で、日本選手権の出場権をかけた通称〝JABA大会〟と呼ばれる主要公式戦の3大会、12試合で打率4割1分7厘という成績を残した。

24年で26歳となる年齢を考えるとドラフト指名を受けてプロ入りする可能性は極めて低いと思われるが、井端の話すようにバッティングに関してはプロの選手にも引けをとらないレベルにあることは間違いない。また名前を挙げた上川畑や内山以外にも、他のチームを含めて、何かのきっかけがあればプロでも一流になれる可能性のあった選手が、社会人野球にも多くいることに気づいたのも井端にとって大きな収穫だったようだ。

社会人からさらに下のカテゴリーへ

解説者、NTT東日本での臨時コーチを務めながら、井端はさらに活動の場を広げることとなる。2019年9月には『イバTV〜井端弘和公式チャンネル』を開設し、YouTuberとしての活動もスタート。そしてこのチャンネルでアシスタントを務めるお笑い芸人のみっちーが、福井県立鯖江高校の野球部出身という縁もあって、22年5月には同校の野球部員を指導している。また侍ジャパンのトップチームの監督に就任する前から、大学日本代表やU-18侍ジャパンにも臨時コーチとして積極的に指導。自分が知らなかったという社会人野球にとどまらず、それ以外のカテゴリーにも指導の幅を広げているが、他のプロ野球OBに対してもそうすることを勧めているという。

井端「プロの選手を見ていても社会人の選手を見ていても、それまで教わってきたことや取り組んできたことが出るんですね。岡本のように守備については全く知識ゼロという選手は珍しい存在です。ただそれでうまくいっていた部分も当然あると思うんですけど、意外と基本的なことが身についていない部分が多い。そういうのはどこに原因があるのかなと思うと、どんどん下の年齢の選手のことも気になってきますよね。あとプロの選手を教えているだけでは気がつかないことが、アマチュアの選手を教えてみて分かることもいっぱいあります。だから引退した選手とか将来コーチを考えているという選手にも、『ヒントはアマチュア野球にいっぱい落ちているよ』と言うことはよくありますね」

以前、井端と同じショートの名手として知られた鳥谷敬（元・阪神、ロッテ）とテレビ番組で共演した際のことだ。鳥谷も解説者を務める傍ら社会人野球のパナソニックでコーチを務めていることもあって、社会人に対する指導や選手の話に花が咲いていた。井端や鳥谷が指導者としてもさらに実績を残していけば、このようにプロを引退した直後の大物OBでもアマチュア野球の現場に活躍の場を求めるケースも増えてくるだろう。

また井端と繋がりの強い人物では、赤星憲広（元・阪神）も指導者という形ではないものの、アマチュア野球に深くかかわっている大物OBの1人だ。赤星は亜細亜大で井端、飯塚の1学年下でプレーしており、YouTubeの『イバTV』でも3人で当時の話をしている回が放送されている。そんな赤星にも今回話を聞ける機会があったため、まずは飯塚と同様に亜細亜大での井端の印象について聞いた。

赤星「入学して1年目が井端さんと同部屋でした。同じ部屋の当時3年生が後に阪神でも一緒になるエースの部坂（へさか）（俊之、現・楽天スカウト）さんで、井端さんも2年生でしたけど試合にもバリバリ出られていて、ちょっとした出世部屋みたいだったので嬉しかったですね。ただ井端さんはあまり自分から話しかけてくるタイプではなくて、常に黙々とストイックに野球に取り組んでいたという印象が強いです。だから最初の頃は何を考えているのか分からなくて、自分からもなかなか話しかけられなかったですね。1年生の秋から自分もサードで試合に出させてもらうようになって、セカンドを守っている井端さんに送球したりすることも多かったので、それからはグラウンドでもよく話はするようになりました。でも大学の時はそこまで気軽に話す間柄ではなかったと思います。自分が途中から外野にコンバートされたということもありますけど。だから逆に（外野手の）飯塚さんの方がよく話していました。自分が3年生の時に3年生の中で1人だけ部屋長を任されて、隣の部屋長が飯塚さんということもあって、色々聞きに行っていました。プレーについても外野手論みたいなのをよくお話してもらったのを覚えています。井端さんとはプロに入ってからも常に対戦していたので、当然お会いすれば話はしますけど、むしろよく話をするようになったのは引退してからですね。自分がこういう言い方をすると失礼になりますけど、今が一番仲良くさせてもらっているんじゃないかと思います」

大学時代の井端の印象は飯塚とも重なる部分が多いことがよく分かるだろう。そんな赤星は現在解説者としての活動がメインだが、10年から春の選抜高校野球大会期間中は、MBSテレビの『みんなの甲子園』にナビゲーターとして出演し、決勝戦の中継ではゲスト解説も務めるなど、高校野球についても引退後の早い段階から深くかかわっている。また近年は高校野球に限らずあらゆるカテゴリーの野球の現場に顔を出す機会も多いそうだ。そういう活動もしていることも井端と話がはずむ要因とも言えるだろう。

赤星「井端さんからも『いろんな野球を見た方がいいよ』ということを言っていただいて、23年も地元愛知で出演させてもらっている番組にお願いして、享栄高校の東松（快征・23年オリックス3位）の取材にも行かせてもらいました。最近の高校生は僕たちの頃と比べても意識が違いますし、体つきなんかも凄いですよね。そういうことを知ることができるいいチャンスだと思うので、これからも機会を見つけて足を運びたいと思います」

ちなみに井端と筆者が、23年までスポーツナビのＹｏｕＴｕｂｅチャンネルで行っていた『井端・西尾のドラフト対談』というコーナーがあり、井端の侍ジャパントップチーム監督就任にともない、誰か一時的に代役を務める候補はいないかという話になった時に、真っ先に名前が挙がったのが赤星だった。亜細亜大時代の後輩と言うことで依頼しやすいというのもあったかもしれないが、アマチュア野球に精通しているということを見越しての指名であることは間違いないだろう。24年の1月下旬には『赤星・西尾のドラフト対談』と名前を変えて第一回の収録が行われたが、まだ一般的にはそれほど知名度の高くない高校生、大学生の選手についても、赤星はすらすらとその印象を語っていた。聞けば、春の選抜高校野球の予習ということもあって、23年の11月に行われた明治神宮野球大会の試合は、こまめに映像でチェックしていたとのことだった。こういう姿勢も井端と赤星に共通している部分である。

他にも井端とともに侍ジャパンのトップチームでピッチングコーチを務めることになった吉見一起も、社会人野球のトヨタ自動車でテクニカルアドバイザーとして活動している。このように若い年代の指導者が積極的にプロ以外の野球にもかかわってあらゆることを学び、野球界が全体としてレベルアップしていく。井端の歩んできた道筋は、そんな野球界の未来に繋がっているとも言えるだろう。

第三章

指導対象はジュニア世代へ。〝塾長〟としての視点

激減するジュニア世代の野球人口

プロローグの冒頭でも触れたが、２０２３年の日本の野球界は侍ジャパンのＷＢＣ優勝に沸いた年だった。大会で投打に大活躍を見せた大谷翔平（当時・エンゼルス）は、メジャー・リーグのレギュラーシーズンでも投げては10勝、打っては44本塁打で初のホームラン王を獲得し、２度目となるＭＶＰを受賞。オフにはメジャー・リーグだけでなく、北米四大スポーツで史上最高額となる10年総額７億ドルでドジャースと契約し、名実ともに世界一の野球選手となった。またＷＢＣで優勝に貢献した山本由伸（オリックス→ドジャース）、今永昇太（ＤｅＮＡ→カブス）も相次いで大型契約でメジャー・リーグ球団へ移籍し、村上宗隆（ヤクルト）、佐々木朗希（ロッテ）なども近い将来メジャー・リーグでのプレーを希望する発言をしている。若くして結果を残した選手が海を渡ることは既定路線となっており、今後さらに日本人選手がメジャーの舞台を席巻することになる可能性は高そうだ。

日本のプロ野球を見ても、観客動員数は実数が発表されるようになった05年以降、19年までは右肩上がりの傾向が続いている。20年からの２年間は新型コロナウイルス感染拡大の影響で大きく落ち込んだものの、23年はコロナ禍前の水準まで回復した。かつて「人気のセ、実力のパ」と言われ、パ・リーグの試合は閑古鳥が鳴いている状態だった時代のことを考えると、プロ野球全体のコンテンツとしての価値が高くなっていることは間違いないだろう。

ただ一方で日本の野球界全体を見てみると、決して明るい話題ばかりではない。特に目立つのが育成年代の野球離れだ。日本高等学校野球連盟（高野連）が発表している資料によると、硬式野球部が連盟に加盟している学校の数は05年の４２５３校をピークに減少に転じ、23年には３８１８校にまで減少している。野球部員の数もピーク時の14年には17万人を超えていたが、23年には13万人を下回り、わずか10年足らずの間に４万人以上減った計算となる。３年生が引退した後の秋季大会は部員が不足するチームが多くなり、連合チームで出場するケースも珍しくない。20年秋には富山北部高校と水橋高校による連合チームが県大会を勝ち上がり、北信越大会に進出して話題となった（両校は22年４月に合併）。

そして、さらに深刻と言われているのが中学校以下の野球人口だ。中学校男子の軟式野球部に所属している部員数は09年時点では30万人を超えていたが、23年の時点では13万人を切り、半数以下まで激減。部員数だけで見るとバスケットボール、サッカー、卓球に次ぐ４番目となっている。中学生の場合、学校の部活ではなくクラブチームに所属している選手も多く、そちらの数字を見てみると13年に約５万２０００人だった部員数が、22年では約5万3000人と1000人ほど増加しているが、野球に取り組んでいる中学生のトータルで考えると、過去10年間で約4割に減少していることとなる。少子化だから当然という声も聞こえてくるが、10年前と比較した時の中学生年代の人口の減少率は約10%であり、それを遥かに上回る割合で野球をやる中学生が減っているのだ。またさらに下の年代の小学生の少年野球人口も減少の一途をたどっており、人数が揃わずに解散するチームも後を絶たないという。日本の野球を下支えしているジュニア世代の競技人口の減少がこのまま続いていけば、競技レベルにも影響してくる可能性は高いだろう。

とりわけ、近年問題視されることが多いのがこの世代に対する指導方法だ。18年には少年野球の全国大会で何度も優勝している強豪チームの監督が、選手が何歩も後ずさりするほどの勢いで平手打ちをする映像がSNS上に流れ、テレビ各局のワイドショーでも取り上げられて問題となった。かつてロッテで監督を務めたボビー・バレンタインも、日本の少年野球で指導者が子ども達に対して罵声、怒声を浴びせている様子を見て、当時コーチを務めていた立花龍司に、「日本ではマフィアが子どもに野球を教えているのか?」と言っていたという話も聞いたことがある。筆者のような1970年代生まれであれば、野球は他のスポーツに比べても競技人口が圧倒的に多く、子どもの頃からこういった理不尽な指導に耐えてきた選手が生き残ってきたとも言えるが、そもそも少子化で子どもの数が減っており、スポーツや習い事の選択肢も増えている中で昔のような指導を繰り返していれば、当然競技人口の減少にも繋がるだろう。

筆者は少年野球や中学野球の取材で現場を訪れることも多く、競技人口が著しく減っていることは10年近く前から聞かされていた。しかし高校、大学のトップクラスのチームになると、不思議とそういう感覚を持っている関係者は一気に少なくなる。強豪と言われるチームの部員数はいまだに100人を超えるようなことも珍しくなく、身を以って実感することがないというのだ。プロ野球の関係者もそれは同様で、観客動員数などを見ていれば日本の野球界全体が右肩上がりで盛り上がっていると考えるのも致し方ないだろう。ただ、ここまで急激に子どもの野球人口が減っていることを考えると、野球界全体の課題として何かしらこのカテゴリーに対して取り組む必要があるのではないだろうか。

これまでの少年野球とは一線を画した井端塾

そういう意味でも巨人のコーチ退任後に社会人野球だけでなく、ジュニア世代にも積極的にかかわり、あらゆる現場の声を聞いてきた井端のような存在は非常に貴重である。そして、ただその現状を悲観し、指摘するのではなく、実際に行動に移すのが井端の凄さでもある。これまでも度々その存在には触れてきたが、2022年1月から小中学生向けに自らが指導を行う『井端塾』をスタートさせることになったのだ。その理由と経緯について井端はこう話す。

井端「社会人でコーチをやらせてもらって、大学や高校も見るようになると、どうしても下の年代が気になってきたんですね。中にはこちらが教えていてもなかなか変な癖が抜けない選手もいるし、それが上達を妨げていることもよくある。そういうことを突き詰めていくと、小学生まで見ないといけないなと。だからまず侍ジャパンの方でU-12の監督をやらせてもらいました。選抜されるメンバーなんで、その年代では当然上手な子たちなんですけど、こちらが当然だと思っていることができていないというケースもあります。あと大会に臨むまでの時間が短いということもあって、結構こっちからガンガン言ってしまったこともあったんですね。それで自分が子どもの時のことも思い出したりしながらいろいろ考えるようになって、もっとこの年代の選手のことを知らないといけないと思ったのが『井端塾』を始めたきっかけですかね。自分もそうでしたけど、子どももなんだから知らない、できないことが当たり前なんですよね。あとはどんなことを教わったか聞いても、守備だったら『前に出て捕れ』、バッティングもただ前から投げたボールを『思い切り振れ』

くらいしか言われていないことも多いです。それで、できるようになっていく子はいいのかもしれませんけど、うまくできなくてつまらないなと思って辞めてしまうケースもある。だから小学校とか中学校の段階で野球に対していい入り方ができて、上達したなという実感を持ってもらいたいなとは思いますね」

そのような経緯で誕生した井端塾。基本的に毎週月曜日に、東京都足立区にある屋内野球練習施設で開催されている。今回、本書を出版するにあたって、実際にその現場も取材させてもらうこととなった。現在行っているのは未就学児から小学校の低学年を対象とした「ジュニアクラス」、小学校の高学年から中学校を対象とした「軟式クラス」と「硬式クラス」の3クラスで、各クラス約20人が通っているという。また指導については井端がメインで行っているが、第二章でも登場したNTT東日本の前監督で井端と大学の同級生である飯塚智広も講師を務めている。

取材で訪れたのは24年最初の開催で、年末年始を挟んだということもあってキャッチボール、ノック、バッティングというメニューが行われていたが、通常の開催時も基本的なプレーについての指導がメインだという。最近ではパーソナルレッスンなどを行っている外部指導者も増えており、中には『〇〇理論』などと名前を付けて、決まった動きを繰り返し行うような指導をするケースも少なくないが、井端塾はそういった指導法とは明らかに一線を画しているように見えた。まず井端が重要にしているのは、個人個人の現状に合った指導だという。

井端「うちに来るまでにみっちり野球をやってきて既にある程度技術がある子もいれば、逆にほとんど野球を教えてもらったことがないような子もいます。低学年クラスはまず体の動かし方に慣れてもらうこと。基本的にはワイワイ楽しく遊びながらやっています。導入の部分で怒られてもいいイメージはつかないですからね。高学年や中学生になるともう少し細かいことも言うようになりますけど、体の使い方が大事だというのは基本的に変わりません。子どもはとにかく力を使ってやろうとするんですね。それだと体が大きくて力がある子はある程度強いボールを投げたり強く打てたりするんですけど、それに頼って体の使い方が分かっていないとレベルが上がった時に必ず苦しみますし、ケガにも繋がります。自分も中学校2年生の時にひじを痛めて、半年間くらい投げられない時期がありました。あとプロに入ってからも技術面が足らないなと感じたので、最初の3年くらいは本当に守備もバッティングも、技術のことばかり考えてみっちりやっていたんですね。プロに入るまでに勝手にできていた部分もあったのかもしれませんが、本当に自分のものになったのはプロに入ってからで、もっと言えば自分の感覚をつかんだのは20代後半から30歳くらいになってからだったと思います。自分はたまたま敷かれたレールを走ってきてうまくいきましたけど、それでうまくいかない選手もいっぱいいる。まずは野球を好きになってもらうことが大前提ですけど、早い段階から技術に向き合って取り組む姿勢を身につければ、高校や大学でつまずくことも少なくなるのかなと思ってやっています」

過去に元プロ野球選手が小学生に対して行っている野球教室を取材したことがあるが、キャッチボールからバットの振り方まで、とにかく型にはめた指導を行っているケースが多かった。プロ野球OBは単発的に行われる野球教室に行くことが大半であり、継続的に子ども達に触れるような機会が少ないため致し方ない部分はあるかもしれないが、その教え方に合わない選手にとっては、むしろマイナスになることもあるはずだ。

また前述した通り、少年野球の現場では大声を上げて厳しく指導しているチームも今だに多い。指導と言えば聞こえはいいかもしれないが、そういうケースの大半はただ失敗を責めるだけで、どうやったらうまくできるようになるかという部分には触れず、ただひたすら同じことを繰り返しているということも多い。感覚的にできるようになる子どもはいいが、そうではない子どもはそういった練習で得られるものは少なく、むしろ否定され続けたことで野球が嫌になってしまうケースも多いだろう。

井端塾における指導はこのようなものとは全く異なっていると言える。とにかくその子どもの現状をよく見て理解し、そのレベルや段階に合わせて指導法を変えているのだ。具体的には、体の大きい中学生が、一見して力強いバッティングをしていても単純に褒めるのではなく、タイミングをとる時の体の使い方など細かいところを指摘していた。また逆に硬式ボールを使い始めて間もない選手に対しては、細かい動きについてはそこまで口を出すことなく、まずはボールに慣れるためにしっかりと振り切ることを重視するように指示していた。体格も力も差がある選手が揃っている環境だということもあるが、それぞれの現状に合わせた指導を行っているということは一目見ただけで理解できた部分である。これこそ、小学生や中学生のチームでも本来行われるべき指導ではないだろうか。

また井端の指導を見ていてもう一つ特徴的だったのが、以前のプレーと比較しての声掛けが多いという点だ。守備でも打撃でも「この前の動きに戻ってるよ」や、「今の（動き）はしっかりできてたよ」などという声がよく聞かれた。それも結果としてしっかり捕球できたり、いい打球が打てたケースについて褒めているわけではなく、あくまでもその過程としての動きについて評価していることがよく分かる内容だった。これも目の前の結果ではなく、先々のことを考えての指導を意識しているからだと言えそうだ。

井端「自分が子どもたちを見られるのは週に1回なので、前の週にこちらが伝えたことができるようになっているのかなというのは意識して見ています。いつも月曜日にやってきているということもあって、だいたい土日でチームでの練習や試合をやってきている子が多いんですけど、前の週にこちらが言ったことを所属チームでもできていたんだなと感じる子もいますし、逆にこちらが言う前に戻ってしまっている子もいます。そういうことってなかなか本人では気がつかないんですよね。でもそんなにすぐにできるようになるとも思っていませんし、うまくいかなくても根気よく言い続けて少しずつ進歩させていくしかないのかなと。プロや社会人でもそんなに簡単にはいきませんから、小学生や中学生ではうまくいかないのが当然なんです。あと最近だと色んな野球の動画も出たりしていて、それを見ながら練習している子も多いですけど、パッと見ただけでちゃんと理解してできている子はほとんどいません。ですがそのことも頭ごなしに否定はしません。動画を見ていて『どこが参考になったの』とか、『うまくできている選手の共通点はどこにあるの』とかということを聞いたりすることもあります。最終的にどんなやり方を選ぶかはその子の選択なんですけど、こっちが意図したことを伝えれば時間はかかってもだいたいの子は理解してくれますね」

実際の指導の場面でも、井端が伝えた通りの動きがなかなかできない子もいたが、それでも決して頭ごなしに言うのではなく、伝え方や、やり方をいろいろ工夫しながら粘り強く指導するシーンも見られた。自らが望んで始めた塾とはいえ、ここまで熱心に小学生や中学生に指導をする侍ジャパンのトップチームの監督というのは今までいなかっただろう。大学時代からの盟友で、ともに指導を行っている飯塚も井端の姿勢についてこう話す。

飯塚「『野球塾をやるから一緒に手伝ってよ』と言われた時は、『その年代の指導をやるんだ』と率直に驚きましたね。自分は監督もやっていたので、野球の戦術とかはある程度伝えることはできても、子どもに教えた経験もありませんし、技術を教えるような自信もなかったのですが、いい機会かなと思って引き受けることにしました。子ども達に教えているのを見ても、まずはその子の今のプレーの形をしっかり見ていますよね。そのうえで、どうしたらもっと良くなるかなというのを考えながら指導していると思います。実際にやっていることは基本的なプレーの繰り返しなので、一見するとめちゃくちゃ地味なんですよ。守備も正面に近い打球のゴロを捕ることの繰り返しですし、何か特別な動きを教えるわけでもない。ただその地味で単純なプレーの中にいろんな大事なものがあるというのを僕も教えられましたね。彼もプロに入って何度も何度も繰り返し練習する中で、30歳くらいで重要なことに気がついたと言っていましたけど、そういうことだと思います。社会人野球でもよくコーチが『基本に忠実に』みたいなことも言うんですけど、じゃあ『基本』って何かをちゃんと説明できるかと言ったらそんなことはない。結構、無責任に使われている言葉だと思うんですよ。でも彼はゴロを捕球する時に大事なことをちゃんと理解していて、それが基本だということを伝えられる。だから一見すると地味だけど、『この子たちはこんな年齢から大事なことを教わっていていいなぁ』とも思いながら見ています。ただそれも彼の実績やバックグラウンドがあって、説得力があるということももちろん大きいですよね。同じことを『飯塚塾』としてやっていたとしたら、保護者の方からクレームが出ると思いますよ（笑）」

そう話す飯塚だが、井端にはない外野手としての経験を持っており、外野手の捕球からスローイングまでの動きなどについて丁寧な指導を行っていた。また高校時代まではピッチャーだったこともあって、打撃練習でもバッティングピッチャーを務め、井端からは、「飯塚さんが投げていた時の方が遊びがあっていいバッティングしてたぞ」と冗談めかす場面もあり、井端塾には欠かせない存在であることは間違いないだろう。また飯塚自身も井端塾を通して多くの学びがあったと語っている。

飯塚「僕もこれまで、この年代に野球の技術を教えた経験はなくて、同級生の子どもにちょっと教えたことくらいしかありませんでしたけど、やってみると本当に難しいなと思いますし、面白いです。大人相手だと何となく伝えればいいということも、子どもが相手だとそうはいかないですからね。自分の勉強という意味でもやって良かったなと思いますね。あとできればプロのOBの人たちもどんどんやってもらいたいですよね。プロの人は当然プレーはうまいんですけど、それを伝える機会がなかなかないと思いますし、最初はうまく伝えるのも難しいと思うんですよね。でもそんな高いレベルにまでなった選手だったら、何かしら重要なことを感覚としては持っているわけですから、それを伝えられるようになったら、子どもたちにとってもその指導者にとっても大きいと思うんですよね。今は野球を極めた人が、自分の持っている財産を生かしていないことも多いと思います。井端塾をきっかけに同じ様な動きが広がるといいですよね」

第一章でも触れたように、井端も、U-12侍ジャパンや井端塾で子ども達に指導した経験が、トップチームの監督としても生かされたと語っている。子どもを指導することは、一見するとプロ野球とは遠く離れた世界のように感じるかもしれないが、それを経験することで得られるものが大きいことは間違いないだろう。

既に井端塾を卒業して高校野球でプレーしている選手もいるが、野球経験がほとんどない中学生が入塾してきたこともあり、そういった初心者に対しての指導経験は印象深いものになっているという。

井端「去年（23年）なんですけど、中学3年生で身長が190センチ以上、体重も100キロ以上ある子が入ってきたんです。聞いたら野球経験はほとんどなくて、相撲をやっていたそうなんですけど、高校で野球をやりたいから教えてほしいと。飯塚とも『相撲をやっていた方がいいんじゃないかな』と話していました。最初は当然野球をやっていないから、キャッチボールもうまくできなかったんですけど、ちょっとコツがつかめてくると体が大きいからボールも速くなるんですね。なかなか週に1回の指導だけでは伝えきれないこともありましたけど、最初に来た時から比べると1年間で見違えるほどになりました。高校野球でどこまでできるか分かりませんけど、体の力は間違いなくありますから、長い目で見て野球を続けていってもらいたいと思いますね」

ちなみにその選手は茨城県の古豪と言われる高校で現在も野球を続けているという。井端塾をきっかけにその才能が花開くことになれば、夢のある話である。

また、飯塚が「一見して地味な練習の中に大事なことがある」と話していたが、その部分を掘り下げると、井端が特に重視しているのは「動きの中でいかに力を抜くことができるか」という点にあるという。また、もう一つ感じることは、プロの選手でも小学生でも、完全に技術が定着する前に次のことに取り組みたがる選手が多く、結果として全てのプレーが中途半端になってしまうというケースが多いということだった。

井端「守備では『前に出て捕れ』と教えられていることが多いこともあって、どうしても早くボールを捕りたくて、手を前に出してしまうことが多いんですよね。『捕りたい!』という気持ちが強いほど力が入って体も動きも固まってしまう。そうすると、ボールがちょっと思ったような動きをしなかっただけで捕ることができません。ボールは待っていれば向こうから来るんだから、こちらから捕りにいく必要はないんですよ。バッティングも同じで、ボールが来るのに手を早く動かすから、体が前に突っ込んでしまう。ほんの少しの動きでも、それが命取りになりますし、力が入っていたら体が固まって変化球にも対応できない。だから手を使うのは本当に最後の一瞬で、それまではいかに無駄な力を抜いて待てるか。まずそんな話をすることが多いですね。守備だと、極端に言えば、その場でしっかりそれを意識して捕球できるようになるのを、1年くらいかけて徹底してやればいいと思っています。それで次の1年で一歩、そのまた次の1年で一歩と前に出て行けるようになれば、中学、高校の6年間で6歩前に出られるようになる。それ以上前に出て捕らないといけない打球って、本当にボテボテの当たりですから、前に出るタイミングのスピードだけの問題です。でもその場でしっかり捕球できる技術が身についていないのに、やたらと前に出て捕りたがったりという選手は多いです。でもそもそも飛んで来るボールをしっかりその場で捕る技術ができないまま色んなことをやっても、全てのプレーがずれてしまうんですよね。だから、『焦らずに、まずはその場で捕球できるようになることを徹底してやって、できるようになってから次の段階に取り組もう』ということは伝えています」

本書は、野球の技術書ではないため、バウンドに合わせる動きやグラブの出し方など細かい部分には触れないが、「飛んできたボールをその場でしっかり捕る」と言っても打球には様々なバリエーションがあり、あらゆる打球に対応できるようになるのは決して簡単なことではない。まずは子どものうちにそのことをしっかり意識して、技術を身につけることは後々の野球人生において大きなプラスになるはずだ。

選手の先にいる保護者、チームのことも考えて

前述したように井端塾は東京都足立区で行っているが、その情報を知って遠方から通って来る子どもも少なくない。そのため、実際に指導を行う時には大半の保護者がその様子を見学している。そして井端は意識して保護者とも密にコミュニケーションをとるようにしているという。

井端「さっきも言いましたけど、自分が実際に指導できるのは週に1回だけなので、それ以外は所属しているチームや、保護者の方が子どもたちを見ていることになります。だからどんなことを子どもに伝えて、どういうところをこちらが大事にしているかということは、保護者の方にもなるべく話すようにしています。次の練習までに保護者と子どもが、同じ意識を持って取り組んでくれた方が上達にも繋がると思いますからね。あとこれは子どもにもよく言うんですけど、『練習してきたことが試合でできてイメージ通りに捕れた、打てた』と子どもが言っても、1回それができたから身についたわけではありません。今日できたことが明日できるとは限らない。何回も何回も繰り返してやることでようやく技

術は身につく。だから練習でもうまくできたからといって、『完璧だね』みたいにほめ過ぎないようにはしています。小学生の間は同じことを何回も言いますし、それは保護者の方にも理解してもらうようにしています」

取材当日も小学生のジュニアクラスの練習が終わった後、保護者の質問に井端が答えているシーンがあったが、その時も「今のままで大丈夫。これを続けることが大事です」とアドバイスしていた。また保護者と井端、飯塚の距離が近いのも井端塾の特徴で、時には練習が終わった後に話し込むこともあるという。飯塚からは、練習内容は地味だという話もあったものの、その意図をしっかりと伝えてコミュニケーションをとることで、子どもだけでなく保護者の理解も進み、結果として上達にも繋がるのではないだろうか。

保護者との関係と同様に井端が考えているのは、「子どもたちには普段所属しているチームがある」ということだ。野球を始めたばかりの低学年の小学生を除き、井端塾に通っている選手たちは個別にチームに所属しているケースが大半であり、当然そこでも様々なことを教わっている。プレーを見ていて、（所属チームで）教わっていることに疑問を感じることも当然ありそうなものだが、決してそれを否定するのではなく、尊重しながらレベルアップする方法を探っているという。

井端「守備に関してはそんなに技術を理論立てて教えている人は少ないので、子どもたちもすんなりとこちらの言うことを聞いてくれます。ただバッティングに関してはいろんな考え方があって、練習を見ていても構えからしてみんな全然違います。体の大きさや力の強さが違うので、正解はない部分だと思います。だから構えとか細かい形とかまでは押し付けないようにしています。ただ明らかに動きの中で絶対にこれだと打てないみたいな極端なところは直しますけど、基本的にはいかにタイミングよく振れるかというところを見ていますね。特に小学生や中学生の間は右打ちとか〝巧く〟打つことよりも、まずはしっかり振って、強いボールを打てるようになることの方が大事ですから」

実際にバッティング練習での指導を見ていても、構えや上半身の動きについての指摘はほとんどなく、タイミングをとる時の下半身についての声掛けが多い。また守備と同様にいかに無駄な力を抜けるかということを重視しているのがよく分かった。そして、一見すると巧みに打ったようなバッティングに対しても、「小手先で操作しなくていいよ。もっと強く振らないと上（高校や大学）に行った時には通用しないから」と話していることもあり、現時点の結果ではなく先々の野球人生を考えての指導を行っていると言えるだろう。また、「所属しているチームを尊重する」ということについては、自身の小学校6年生になる長男に野球を教える中で気づいたことでもあったという。

井端「自分の子どもに対しては小学校に入る前とか、低学年のうちは結構教えていました。ただ4年生くらいの時に自分が教えていることと、チームで教わっていることが、子どもの中でなかなか整理できていなくて、混乱してそうだなと思ったことがあったんですね。チームの監督に言われたことよりも、自分に言われたことを聞いてしまうようなところもありました。ドラゴンズの時に、若くして結婚し子どももいた選手から、『親の言うことは全然聞かなくてチームの監督の言うことしか聞かない』という話も聞いていたので、うちは逆なんだなと。でもあくまでチームでやっているわけですから、それは監督の言うことをちゃんと聞かないといけないなと思って、自分からは教えなくなりました。あまりにもおかしな教え方をしていたらまずいですけど、決してそういうわけではなかったので。〝井端弘和の息子〟だということはどこへ行ってもつきまとうことですから、難しいところもあると思います。もう少し成長して、子どもが自分で考えて整理できるようになれば、またいろいろと変わってくるかもしれませんけど。だから基本的には『チームの監督の言うことを聞きなさい』と言っていて、何か質問があれば『自分にも聞きなさい』という感じですね。それ以来、息子から聞かれたのは1回だけですね。12球団のジュニアトーナメントで相手のピッチャーがアンダースローで、対戦した経験がなかったので『アンダースローはどうやって打てばいい？』ということを聞かれただけです」

小学生年代は所属しているチームや連盟の大会とは別に、ＮＰＢの12球団が地元の選手を集い、毎年年末に12球団ジュニアトーナメントという大会を行っている。小学生の中ではある種の登竜門的な大会となっており、昨年のＷＢＣに出場したメンバーでも、近藤健介（ソフトバンク・２００５年千葉ロッテジュニア）と、松井裕樹（パドレス・07年横浜ジュニア）がこの大会を経験している。ちなみに井端の長男である巧は、小学校５年生の時から２年連続でＤｅＮＡのジュニアチームに選出。６年生となった23年はキャプテンを務め、ホームランも放つなどチームの優勝に貢献。表彰式ではプレゼンターを務めた井端からトロフィーを受け取って話題にもなった。

井端塾体験者の声

ここまでは井端、飯塚と指導する側の声が中心だったが、逆に井端塾で指導を受けている側の声も紹介したいと思う。２０２４年４月に高校３年生になる牧原賢汰は、井端塾が始まった22年の1月に入塾した、いわば〝一期生〟の1人である。当時は中学3年生で、指導を受けたのは高校入学までの3カ月間の短い期間だったが、入塾までの経緯と指導を受けての印象をこう話してくれた。

牧原「SNSでたまたま『井端塾』のことを見かけたのがきっかけです。自分は内野手でショートやセカンドを守ることが多かったので、守備が上達するんじゃないかと思って親に頼んで入れてもらうことにしました。井端さんのことは現役時代から見ていて、〝アライバコンビ〟で本当に守備がうまい選手だというイメージが強いです。井端塾に行くまではずっと『前に出て打球を捕る』という意識で練習していたんですけど、井端さんからは『とにかく無駄な動きを極力減らして捕らないと、上（高校や大学）に行って打球が強くなったりすると戦えない、待って捕ってもいいから』と言われて、今まで考えていたことと真逆だったので驚きました。それから本当にシンプルに、無駄な動きをせずに捕るということを繰り返しやりました。井端塾以外の練習でもそれを意識してやっていったら、だんだん自分の中でもしっくりくるようになっていった感じです。バッティングでもとにかく全力で振るんじゃなくて、8割くらいの力で振るイメージで、それでも打球が飛ぶポイントを探すようにということを言われました。『試合になったらどうしても力は入るし、（練習で）目いっぱいの力で振っているようだと、いろいろ考えないといけない実戦になったら対応できないよ』と。だから少し余裕のある8割くらいの力で振って、飛ばせるようにならないといけないという意識で取り組むようになりました。教えてもらったことはノートにも書いて残してあるんですけど、バッティングも守備もまず姿勢が大事だと。守備だと捕球の姿勢に入った時に、少し胸を張って、股関節の上に体重を全てのせることを意識する。そうすることで自然と腰と尻も下がるようになって、力を入れなくても低い姿勢で捕球できるようになる。あとキャッチボールの時も速いボールを投げようとして腕を振るんじゃなくて、下半身を使うことで勝手に腕が振られて、それで伸びていくボールを投げることができる。そのことを意識するように言われました。高校に入ってからも、ちょっと守備でうまくいかないこととかがあると、井端さんから教わったことを改めて思い返したりして、それで調子が戻ることもありました」

入塾したのが既に中学3年生で、ある程度理解力が高い年齢だったということも当然あると思われるが、これまでに井端が重視していたポイントがしっかり伝わっていることがよく分かるのではないだろうか。また牧原自身は、井端の監督就任前ではあるが、小学校6年生の時にU-12侍ジャパンにも選出されており、同じ年代の中でも高いレベルの野球を経験してきている。そんな選手でも井端の守備に対する考え方を聞いた時に驚いたと話しており、それだけ小学生や中学生の年代で、守備を理論立てて教わる機会が少なかったということがよく分かるだろう。高校でうまくいかなかった時に、井端に教わったことに立ち返ることができるというのは大きな強みとも言える。また技術的な指導はもちろんだが、その接し方も印象に残っているとのことだった。

牧原「最初は怖い人なのかなと思っていたんですけど、めちゃくちゃ優しくて冗談とかもよく言っていて、いつも笑っているので意外でした。厳しい声をかけられたりしたことも全くなかったです。通っている選手もいろんな人がいたんですけど、それぞれのレベルに合わせてというか、すごく考えながら教えてくれているなというのは感じました」

実際に取材に訪れた日も練習中にピリピリした雰囲気は全くなく、井端も飯塚も、時には笑顔を見せながら、アットホームな雰囲気で終始練習が行われていた。小学生や中学生の年代の選手を追い込んで焦らせるのではなく、長い目で見て指導しているということは、選手にもしっかり伝わっていたようだ。

牧原の自宅は神奈川県相模原市ということで、井端塾には父親の修平が常に送迎をしていたという。保護者から見た井端塾についても聞いてみた。

修平「最初に賢汰を連れて行った時は全員で8人くらいだったんですけど、親も一緒に3分から5分くらい自己紹介も兼ねて、個別に三者面談みたいなことをしたんですね。その時に『どんなところを伸ばしたいか』とか、『どうしていきたいか』みたいなことを聞かれました。練習が終わった後もそれぞれの子どもに対してここが良かったとか、ここをもう少しこうすればもっと良くなるみたいな話を、本当に気さくにしてくれましたね。他の子どもにはどんなことを言っているのかなというのもちょっと聞いていたんですけど、それぞれ違うことをちゃんと的確に言っていて、やっぱりすごい人だなと思いました。賢汰の場合は体も大きくなくて、他には体の大きい子もいたんですけど、それぞれの特徴に合わせながらも、決めつけることなく話しているように見えました。あと井端さんと同じ二遊間の選手ということもあって、基本的なことはもちろんですけど、二塁ベースの入り方とかすごく細かく教えてもらっていました。うちの子に限らず他の子を見ていても、練習をする度にうまくなっていくのが分かりました。最初の1カ月は、子どもたちの人数も少なかったので、井端さんと飯塚さんと3～4人ずつでマンツーマンに近い形で教えてもらっていたので、本当に贅沢だなと思いましたね。1回の練習は大体1時間半くらいなんですけど、見ていても本当にあっという間で濃密な時間でした。賢汰にも『こんな機会はなかなかないんだから、行ったら必ず質問しろ』とは言っていましたね。たまに井端さんがお手本でゴロを受けるのも見せてくれるんですけど、それもめちゃくちゃうまいわけですよ。ちょっと親の方がそれを見て興奮していたかもしれませんね。うちも相模原から足立区まで通っていましたけど、中には毎週大阪から通ってきている子もいて、聞いたらその子が『お小遣いとかいらないから、その分通わせてほしい』って言っていたそうです。でもそれだけしても通う価値はあったんじゃないですかね」

取材当日も保護者に話を聞くと、都内だけではなく神奈川や埼玉などから通っているケースもあり、中には兄弟そろって塾生という子どももいた。当然それだけ子どもや選手からの期待値も高いと思われるが、目先の結果だけでなく、将来を見越した指導を徹底しているところも、井端が多くのカテゴリーの野球を見てきたからと言えそうだ。

牧原親子にとっては、井端から指導を受けた期間はわずか3カ月と短いものだったが、それでも強く印象に残り、今でも井端に感謝している出来事があるという。

修平「うちの子も含めて中学3年生の1月に入塾して、3カ月だけ通った子が全部で4人いたんですね。それで高校に入る前に最後だからということで、NTT東日本の練習場に4人だけ呼んでもらって、練習させてもらったんですね。最初は室内練習場でいっぱい打たせてもらって、その後はグラウンドにも出て、NTT東日本の新人の選手も手伝ってくれて、4人のために使わせてもらいました。なかなか中学生ができる体験じゃないですし、僕にとっても本当にいい思い出になりましたね。あと去年（23年）の夏も井端さんと飯塚さんで神奈川大会を見に来てくれて、一期生だったっていうのもあるかもしれませんけど、あれだけの人が気にかけてくれているというのは本当にありがたいことだと思います」

ちなみに賢汰は神奈川県内でも強豪で知られる日大藤沢で現在プレーしており、2年の夏にはサードのレギュラーとして神奈川大会の準々決勝まで進出している。井端の話ではまだ井端塾のOBで甲子園に出場した選手はいないということだが、賢汰も父の修平も3年の夏は甲子園に出場して井端に見に来てもらい、飯塚に解説をしてもらうのが目標だと語っていた（飯塚は22年よりNHKの甲子園中継の解説者を務めている）。

井端塾から井端が得たもの

　実際に指導を経験した牧原親子の話を聞いても、小学生や中学生が侍ジャパンのトップチームの監督から教わるというのは、改めて貴重な機会であるということは分かる。だが、井端本人に話を聞くと決して自分が何かを与えているだけという感覚ではないという。特に口にしていたのはコミュニケーションの重要さだった。

井端「プロとか社会人の大人に比べて、子どもってやっぱりまだまだ分からないことや知らないことも多いので、そこは我慢しながら根気強くやるしかないですよね。でもちゃんと言い続けていくと、だんだん子どもの方から、『今（動きが）こうなってませんでしたか？』とか聞いてくるようになるんですよ。慣れてくると大人の選手よりも、子どもの方が聞きやすいのかもしれませんね。逆に何も言ってこないような子にはちゃんと理解しているかを確認してあげる必要があります。だから、ちゃんとできている時は『できている』、できていない時は、『できていない』と伝えてあげる。それで同じように言ってもなかなかできない場合は、違うやり方、アプローチをこちらも考えて探す。それの繰り返しですよね。でも高校生や大学生、大人に対しても、こっちが何か伝えて一方通行になるのではなくて、ちゃんと双方向でやり取りした方が上達も速いはずです。子どもに教えているうちにそう思うようになりました」

コーチングの原則と言われているものはいくつかあるが、そのうちの一つが「コミュニケーションは双方向で行う」という点である。子どもに対する指導の場合は特に指導者から一方的に伝えているということが多い印象も受けるが、井端塾では決してそういうことはなく、それが子ども達の上達に繋がっているとも言えそうだ。

また侍ジャパンのトップチームの監督としても、アジアプロ野球チャンピオンシップでサヨナラタイムリーを放った門脇誠（巨人）の状態が、それまでと比べて良くないことを見抜き、ただ任せるのではなく、「自分の見立てを伝えたうえで重要な打席に臨ませたこと」が、結果に繋がった部分もあったのではないだろうか。そのようなコミュニケーションのとり方は子ども達に教える中で養われた部分もあったはずだ。

そして、この2年間、井端塾を通して子どもたちに野球を教える中で、新たに気がつく部分もあったという。

井端「自分では『魔の中2（中学2年生）』って呼んでいるんですけど、中学でも高校でも、3年間ある間の2年生の時期がうまくいかない子が多いように感じています。1年生の時は環境も変わって、チームについていくのに必死な部分も多いので、純粋に野球に取り組める子がほとんどだと思うんですね。ただ2年生になると、1学年上の3年生選手たちがどうしても中心になって、なんかエアポケットに入ったみたいになる子が多いと思います。夏が終われば自分たちの代になるからと、それまではどうしても取り組みが甘くなるというか、なんかフラフラしているように見えますね。小学生だと、5年生もそんな感じがします。夏が終わって、自分たちが一番上の学年になると気合が入るんですけど、それまでの積み重ねの差は絶対に出てきますからね。急に頑張りだしてケガをしてしまう子も多い。だから高校と中学の2年生、小学校の5年生、この時期の子たちには、『自分たちが一番上の学年になった時のためにも今が大事だよ』ということは言ったりしますね。あとは中学野球が終わってから、高校に行くまでの間も大事だと思いますね。8月くらいに引退して、高校野球が始まるまで半年もあるわけですから。遊びたいという気持ちも分かりますけど、この時期を疎かにすると野球の技量は伸びずに、髪の毛だけ伸びていきますからね（笑）。うち（井端塾）に来てる子に対しては、その時期もしっかり取り組んでもらって、いい形で高校野球に入ってもらいたいと思っていろいろ言っていますね」

プロ野球の世界に飛び込んでしまえば、そうそう大きく環境が変わることはないが、小学生から野球を始めたとしても中学、高校、大学と進むにしたがって様々な変化があり、そのカテゴリーの中でも学年によって異なる状況に置かれるのは確かだ。それを考えると、その中で順調に野球の技術を身につけていくということは決して簡単なことではなく、様々な紆余曲折を経て、レベルアップしていくというのが実情だろう。井端も自身の経験や子どもたちを指導してきた中で、そう考えるようになったという。

井端「自分は高校も（他人に）勧められてその通りに選んで、最初は正直何でここにしたんだろうって思うこともありました。大学もそうでしたね。高校に入った時は周りが中学時代にジャパンに選ばれた、関東選抜チームに選ばれたみたいな選手ばかりで、1学年で20人くらい部員がいて、何も〝肩書き〟がなかったのは自分を含めて3人くらいでした。だから最初はレギュラーにもなれないと思いましたね。最初は『あいつは中学でジャパンだから凄い』みたいな目で見ていました。ただ一緒にグラウンドでやるようになると、だんだん負けていないと思える部分も見えてくるんですよね。中には成長が早いことで有利だった選手もいますから。だからU-12で監督をやった時も、『その上の年代で選ばれるのは簡単じゃないよ』という話もしました。自分はその中で何とかやれたから良かったですけど、当然うまくいかない子も出てきます。小学校や中学校だったら他のチームに移籍するという手もありますけど、高校だと転校するのは簡単ではないですし、転校すると試合に出られない期間もある（日本高野連の規定で、転校した野球部員は、原則1年間は公式戦に出場することができない)。そうなると進路のことも、本来であれば自分でしっかり考えて決めた方がいいですよね。保護者の方にも『どの高校がいいですか?』と聞かれるんですけど、自分もそんなに高校の実情を知っているわけではないですし、その子の普段の様子や生活までは見ていないから、具体的なアドバイスはできません。ただ、『なるべくいろんな学校を見たり、同じチームから進んだ先輩の話を聞いたりして、早い段階から情報を集めた方がいいですよ』という話はします。中学3年生くらいになれば、ある程度自分で考えられるようにもなっていますし、自分のように勧められるままに決めるのではなくて、ちゃんと自分の意思で決めた方がいいと思いますね。そうした方が進学した後の取り組み方も変わると思うので」

アマチュア選手の進路のついても、ここまで考えて自分の言葉で話せるプロ野球OBは、なかなかいないのではないだろうか。ちなみに井端塾に一期生として参加していた牧原賢汰はまさに中学から高校に上がるタイミングで井端の指導を受け、また2人いる兄もプレーしており、実情がよく分かっている日大藤沢に進学したというのは、非常に賢明な選択だったと言えそうだ。

このように小学生、中学生年代の指導で難しい部分は確かにあるものの、その一方で、大きなやりがいと楽しさも井端は感じているという。

井端「今は、自分たちが子どもの頃とは違っていっぱい情報もあるし、競技の選択肢も多いと思うんですね。そういう中で野球を選んで、うち（井端塾）に来てくれるような子は、やっぱり基本的に真面目に取り組んでいる子が多いと思います。中には親に言われて来ている子もいるかもしれませんけど、それでもうまくなりたいという意識は高いですよ。小学生のうちは友達感覚で子ども達も接してきますけど、中学に行くと学校やチームで言われるのか、言葉遣いや礼儀もだんだんしっかりしてきます。そのあたりをこちらからうるさく言う必要は感じないですね。あとはやっぱり変化の大きい時期なので、短期間で一気に体が大きくなって見違えるような子も中にはいます。それはプロや社会人など大人を教えていては経験できないことですね。体が急に大きくなったことでうまく使えなくなることもあるので、そのためにも『力じゃないよ』ということは口酸っぱく言っているんですけど。力がなくても動きがしっかりできていた子に力がついて、一気に上達するのを見ると嬉しいですね。うちから卒業していった子も、高校や大学でまだまだ伸びると思うので、成長した姿をまた見られるのを楽しみにしています」

読者の中には子どもが野球に取り組んでいるという保護者もいるはずで、井端塾に通うことはできなくても、いろいろなことを知りたいという声も多いのではないだろうか。そんな野球をしている子どもを持つ保護者に向けて、気を付けるべきポイントについても聞いた。

井端「うちに来ている子どもにも、保護者にも、いつも言っていることですけど、まずは焦らないことですね。すぐに結果を欲しがる気持ちも分かりますけど、長い時間をかけて何度も繰り返してやらないと、本当の意味での技術は身につきません。あとこれも何度も言っていますけど、できないことに対して怒っても仕方がありません。子どもはできない、分からないのが当たり前です。保護者だけじゃなく指導者にも言えることですけど、とにかく根気強く接することですね。また、さっきの『魔の中2』じゃないですけど、どこかで気が抜けてしまったり、うまくいかなくなったりすることも絶対に出てきます。ケガとかもありますよね。だからそういう時期が必ずあるということを知っておいてもらった方がいいと思いますね。何も障害なく、右肩上がりで順風満帆に成長していくこととかはまずありませんから」

井端も、最初からそのように考えていたわけではなく、自身の長男に対する指導や、1年目のU-12侍ジャパンの監督の時には、できない子どもに対して必要以上に強く指摘してしまい、それでうまくいかなかった経験があったから、変わることができた部分は大きかったという。そしてその経験をそのままにすることなく、井端塾という形でジュニア世代の選手に還元し、さらにそこから新たな気づきや学びを得ながら、現在進行形で指導者としてのアップデートを行っているとも言えるだろう。

本章の最後に、現在野球に取り組んでいるジュニア世代に対する思いを改めて述べてもらい、まとめとしたいと思う。

井端「せっかく野球をやってくれた子たちには、やっぱりずっと野球を好きな気持ちを持っていてもらいたいですね。自分も高校、大学で苦しいと思うことはありましたけど、最終的に続けられたのは、やっぱり野球が好きだったからというのが大きいと思います。みんながみんなプロになれるわけではありませんし、どこかのタイミングでプレーはしなくなると思うんですけど、それでもどんな形でも野球が好きで、野球に携わってもらいたいというのはありますね。自分も一緒にプレーしていた同級生とかが、その後も長く草野球とかをやっている話を聞いたりします。子どもができて、野球を教えるという形もありますし、単純に野球を観に行くのでもいいと思います。そうやって何かしらの形で野球にかかわる人が増えていくことが、野球界全体にとってもプラスになるんじゃないですかね」

野球に対していい思いがないままドロップアウトしてしまうと、野球をやることだけでなく観ることからも離れてしまうというのはよく聞く話である。そういった経験をした場合には、自分の子どもに野球をやらせようという発想はまず出てくることはない。以前のようにスポーツをするのであればまず野球という環境ではなく、そもそもスポーツ以外に打ち込めるものの選択肢が増えている世の中だからこそ、井端の話すように野球に対する入り口は『まず楽しく』ということと、それぞれのレベルに合った上達する喜びを感じられるということは極めて重要である。そういう意味でも、井端塾に通った小中学生が、今後も野球にかかわっていく可能性は極めて高いのではないだろうか。

井端と飯塚が、実際に井端塾で直接指導をすることができる人数は、日本の野球界全体のことを考えれば微々たるものかもしれない。しかし、侍ジャパンのトップチームでも監督を務めるような人物が、あらゆるカテゴリーの野球にかかわって、その入り口とも言えるジュニア世代の指導まで自ら積極的に携わっているということを知って、刺激を受ける人は多いのではないだろうか。この章で触れた井端や飯塚の思いとその活動を知って、１

人でも多くの関係者が何かしらの形で指導にかかわり、結果、それが本章の冒頭で触れた日本の野球界の大きな課題を改善することに繋がっていくことを望みたい。

第四章　スカウトとしての目線

井端が持つスカウトとしての目線とは

ここまでの章では井端が指導者として、プロだけではなくあらゆる世代に深くかかわってきたことを紹介したが、井端にはもう一つの顔がある。それはプロ野球OBとしては無類のアマチュア野球通であるということだ。プロローグでも、まだ中日で現役としてプレーしていた井端が、ブレイク前の当時ルーキーだった柳田悠岐（ソフトバンク）に注目していたというエピソードを紹介した。このようにプロに限らず若き才能を見出すことを井端はライフワークにしているという。

井端「選手時代もルーキーが入ってくると、こいつはどんな選手なんだろうというのはよく気にして見ていました。もっと言えば自分がプロに入る前からかもしれませんね。同世代でも大学の時は高橋由伸とか川上憲伸とかが騒がれていて、こういうやつがプロで一流になるんだろうなと思っていました。ライバルとして対抗心を持つというよりも、同世代のトップ選手なんだから、2人ともプロで活躍してもらわないと困ると思って見ていましたね。2人とも1年目からバリバリ活躍していたので、それが自分にとっても自信になったという部分はありました。引退して巨人のコーチをやっている時も、他球団でも気になる若手はチェックしていましたし、巨人のコーチを辞めて解説者になってからは、ＮＴＴ東日本でコーチをやらせてもらうことになったのもあって、アマチュアの試合もそれまで以上に注目するようになりました。でも仕事という感覚はなくて趣味に近いですね」

社会人野球のチームは、大学のチームともオープン戦を行っているため、コーチを務めていると直接大学生のプレーを見ることも増えてくる。その中で気になった選手は自然と井端の中にインプットされていくこととなった。井端のＹｏｕＴｕｂｅチャンネルである『イバＴＶ』でも、定期的に井端が注目しているアマチュア選手を紹介する特集が組まれており、いつしか野球ファンの間でも、井端のアマチュア野球通ぶりは広く知られることとなったのだ。そして正式な肩書きこそついてはいないものの、井端はＮＴＴ東日本の新人選手獲得におけるスカウティング業務も担うこととなった。

井端「ＮＴＴ東日本にもコーチ兼任のスカウト担当がいて、『今度この選手を採用しようと思っている』という話とかも自然とするようになりました。映像を見ることもありますし、実際に練習に参加してもらうケースやオープン戦をやることもある。その中でアドバイスじゃないですけど、意見を求められることも増えていって、自然に手伝うようになった感じですね。スカウト担当の立場もありますから、もちろんその意見を否定することはありませんけど、自分の意見も言わせてもらっています。自分が来るまでは、NTT東日本はずっと大学生の選手しか新人は採用していなかったんですけど、ちょうど高校生の選手も採用していこうということになって、幅広く見る必要性が出てきたということもありましたね」

井端がそう話すように、NTT東日本は2020年までは全員が大学卒の選手だったが、21年に片山楽生（白樺学園出身）が入社し、翌年も寺嶋大希（愛工大名電出身）がチームに加わっている。大学に比べて高校は学校数が格段に多く、また全国各地に有力チームが分散しているため、高校生のスカウティングの方が労力が必要なことは間違いないだろう。

ここでそもそもの野球界のスカウトの仕組みについても触れておきたいと思う。まず野球ファンが思い浮かべる〝スカウト〟といえば、プロ野球の世界のことになるだろう。NPBの12球団それぞれ10～20人程度、アマチュア選手を担当するスカウトを抱えており、その多くは元プロ野球選手である。またアマチュアの選手ではなく、トレードなどの調査のために、他のNPB球団の主に二軍戦をくまなくチェックすることを担当としている〝プロスカウト〟と呼ばれる職種も存在しており、〝編成〟という肩書で呼ばれることもある。

球団によっては、スカウトとコーチの間を人事異動させることが多いところもあり、選手が球団に残るセカンドキャリアとしては、指導者と並んで多い職種と言えそうだ。ただ、特にアマチュア選手を担当するスカウトは、多くの高校、大学、社会人チームとの人脈が重要な仕事である。上川畑大悟のくだりで触れた日本ハムの坂本晃一スカウトのように、中にはプロでの選手経験がない人物もいるが、その場合はアマチュア球界との繋がりが強いケースが多い。またその多くは選手と同じように1年ごとの契約であり、成果が乏しければ当然退団ということもある。

ＮＰＢ各球団のスカウトはエリアで担当が分かれており、スカウト部長やスカウトディレクターといった肩書を持った管理職が、各エリアの担当スカウトとともに全国を行脚することになる。球団によってやり方は異なるものの、基本的には担当スカウトがプロの対象となりそうな選手をリストアップし、それを管理職が一緒にチェックしながら絞り込んでいき、最終的にはさらに上の編成本部長、ゼネラルマネージャー、球団社長といった幹部が、誰を指名するか決定するという流れだ。

ただ、はるか昔の『逆指名制度』があった時代のように、アマチュア選手と直接入団交渉ができるわけではなく、現在の仕組みでは必ずドラフト会議での指名が必要となってくる。また、いくら担当スカウトがその選手を強く推していても、球団としての補強ポイントにマッチしなければ優先順位は下がり、他球団に先に指名されるということもよくある。そのためNPB球団のあるスカウトの話では、選手を見極める眼力だけでなく、球団幹部にそれをどう伝えるかというプレゼンテーション能力、さらには球団内でうまく立ち回る政治力が重要とのことだった。

またNPBのシーズンは4月から10月までの約半年間だが、アマチュア野球は公式戦だけでも3月上旬から11月中旬まで行われており、またオープン戦なども含めると莫大な数の試合が行われている。筆者は、特にこのドラフト候補と言われる選手に関する取材をすることが多いが、年間400試合以上を見て、やっと支配下で指名される選手の大半をカバーできるくらいで、育成ドラフトで指名される選手となると完全に網羅することはなかなかできない。23年のドラフト会議では大谷龍輝（富山GRNサンダーバーズ→ロッテ2位）、椎葉剛（徳島インディゴソックス→阪神2位）の2人を筆頭に、独立リーグの選手から23人が指名され、高校、大学、社会人と並ぶ一大勢力となっている。また山崎真彰（アメリカ・ハワイ大→19年楽天育成3位・登録名マーキ）、永田颯太郎（国立台湾体育運動大→23年楽天育成4位）、高橋翔聖（台湾・鶯歌工商→23年ヤクルト育成1位）のように、日本国籍だが、海外の学校に通う選手の指名も出てきている。23年も、歴代最多と言われる高校通算140本塁打を放って注目を集めていた佐々木麟太郎（花巻東）が、高校からのNPB入りを選択せず、アメリカのスタンフォード大学への留学を選び話題となっており、今後もこういうケースが増える可能性はある。それを考えるとNPB球団のスカウト陣も筆者も、さらに広くアマチュア野球、さらに独立リーグまでも見る必要がありそうだ。

有望な選手を追いかけているのはプロの球団だけではない。大学や社会人チームでも、NPB球団のスカウトに近い動きをしている関係者は多いのだ。もっと言えば強豪と言われる高校は、中学生や小学生の段階から選手を探しており、年々その〝青田買い〟傾向は早まっているという。余談だが、ある高校のスカウト担当は、井端の長男である巧も出場した12球団ジュニアトーナメントに出場した選手は全員リストアップして、中学で所属するチームも調べ、その後の動向も追いかけているという。また巨人は、早い段階から〝金の卵〟の情報をキャッチするために、球団のOBで少年野球や中学野球の指導に携わっている人物のネットワークを作り、そこから情報収集する仕組みを作ると、20年に発表している。

アマチュアチームの場合、プロのようにドラフト会議があるわけではないため、選手の獲得は自由競争となる。もちろん高校や大学は入学試験があり、学校によってはスポーツ推薦の枠がなく、受験してもらうことをお願いするしかできないというケースもある。だが、多くのチームによって争奪戦となるような選手の場合は、よほど学業や生活面で問題がなければ、すんなりと進路が決まるという。ただ、大学や社会人のチームは、NPB球団のように多くのスカウトを抱えているわけではなく、指導者の人脈によって選手を発掘するケースが多い。また選手を大学に送り出す側の高校の指導者としても、進学実績は学校の評価にも繋がるため、数多くの大学と繋がっておく必要が出てくる。そういう意味ではNPB球団よりもアマチュアチームのスカウティングの方が、より人脈によるネットワークが重要になってくると言えそうだ。

その中でも難しい立ち位置と言えるのが社会人チームだ。レベルはNPBに次いで高いため、それだけ力のある選手が必要となってくる。ただ飛び抜けた実力の持ち主は当然プロ入りを目指すケースが多いため、簡単に獲得することはできない。また企業チームは大学卒の選手が中心となるが、高校生を獲得しようとなるとさらなる難しさが出てくる。有望な高校生は大学にとっても当然スカウティングの対象であり、獲得を巡って社会人と大学の関係が悪化すると、社会人チームにとっては選手の供給源である大学が減ってしまうことにもなりかねないのだ。そのため、大学進学を強く希望しているような選手は社会人チームからは手を出しづらいのが実情だ。

井端から、NTT東日本が注目している高校生について、「あの選手はもうプロですよね」

とか、「（実力的に）いいと思うんですけど、大学進学希望みたいなんですよね」という話を聞くことは度々あった。ただ、井端はＮＴＴ東日本のスカウト業務はもちろん担当しているものの、プロローグでも触れたように、将来性のある選手をチェックすることは業務を超えての趣味と言える部分でもある。それがプロ野球の解説や、さらには侍ジャパンのトップチームの監督としても役立つ部分も多かったはずだ。

井端の選手を見る〝眼力〟とフットワーク

井端がＮＴＴ東日本のスカウト業務にかかわることになってから、チームは高校生のスカウティングにも力を入れ始めたことは前にも触れたが、この方針については井端も賛成だったという。これまでに入社してきた２人の高校卒の選手がいずれも投手だったということもあり、まだ若い内野手、特にショートを守れる選手をしっかり指導して、社会人でも一流にしたいという思いは強かったようだ。ただプロも大学も、まず人気になりやすいのがショートの選手である。２０２３年のドラフトでも、プロで投手から内野手へ転向する予定の青野拓海（氷見高→楽天８位）を含めて７人の高校生内野手が支配下で指名されているが、そのうち半数以上の４人がショートの選手である。他にも高校生のショートで注目度の高かった緒方蓮（横浜）は国学院大、小林隼翔（広陵）は立教大、小川大地（大阪桐蔭）は法政大といったように強豪と言われる大学に進学が決まっている。そんな中で社会人野球で通用する可能性を秘めた高校生のショートを探すことは簡単ではなかったはずだ。

だが、井端は驚きの眼力を発揮することになる。それは23年3月に行われていた選抜高校野球の時の出来事だ。井端はスカウト活動と評論活動を兼ねて初戦の試合の大半を現地で視察しており、取材中の筆者とも連日甲子園球場で顔を合わせていた。大会3日目の第2試合、広陵と二松学舎大付の試合が終わった後、井端は記者席の筆者のところまで来て、「西尾さん、広陵の背番号11の最後にショート守った子って3年生ですよね？地元では注目されているんですかね？」と尋ねてきたのだ。広陵のショートでレギュラーを務めていたのは先述した小林隼翔であり、U－18侍ジャパンでもキャプテンを務めていたほどの選手である。ただこの試合では、広陵が5点リードの9回裏に小林はセンターに回り、その代わりにショートを守ったのが井端の言う『背番号11』の池本真人だったのだ。そして井端が注目したのが、ワンアウト二塁の場面から飛んだ二遊間へのゴロの処理だった。

井端「まず、ショートの小林がいい選手だっていうのは、前の年の明治神宮大会から見ていて知ってました。その小林をセンターに回してショートを守らせるくらいだから、守備はうまいんだろうなと。背番号11だから下級生の控えのピッチャーでショートもやっている選手かと思ったんですけど、メンバー表の学年を見たら3年生でした。ワンアウト二塁からの打球が飛んだ瞬間に、打球と池本の距離感とバウンドを見て、『あ、（ミスを）やりそう』って思ったんですよ。途中出場で入った選手の最初の捕球はどうしたって緊張すると思いますし、ましてや甲子園ですから。でも池本は軽くさばいて処理して、送球も焦らずに投げてアウトにしたんですね。あの場面であれだけ慌てずに処理できるのかと。それを見て小林をセンターに回してまで、池本を入れたのも頷けました。それで気になってしょうがなくて、自分が直接取材できるわけでもないですから、知り合いの新聞記者に『どんな選手か監督に聞いてくれ』と頼んだんです。そうしたら守備だけならチームでも一番うまいくらいという話を聞いて納得しました」

このプレーは当然筆者も現地で見ていたが、正直に言うと強い印象は残っていない。井端に言われて後から映像で見返してみたが、やはり決して派手なプレーではなく、井端の指摘がなければ注目することはなかっただろう。また池本は背番号11ということからも分かるように控え選手であり、前年（22年）秋の公式戦の成績を見ても、その多くが途中出場であり、9試合に出場して7打数1安打という数字が残っているだけである。大会前にもその名前がNPB球団のスカウトから聞かれることはなかった。

それでも井端から気になるという話が出たからには、こちらも注目しないわけにはいかない。試合後、中国地区から来ている記者にまずその評判を確かめることにした。すると返ってきたのは「入学当時からポテンシャルの高さはある」と言われていたこと、「守備に関してはチームでも上位である」こと、「広陵ほどの強豪チームでなければ、レギュラーとしてもっと注目されていた可能性があるのではないか」という情報が得られた。それでも控えに甘んじているのはバッティングに課題があるからというのが大きな理由とのことだったが、この選抜の時点でのプロフィールを見ると、180センチ、80キロと体のサイズも備えているのも大きな魅力である。井端も、旧知のNPB球団のスカウトから情報収集をしたそうで、そこで聞かれた評判も概ね同様のものだったそうだ。

それにしても決して派手ではないわずか一瞬のプレーで選手の可能性を見いだすというのは、自身も守備の名手であり、多くの指導経験も積んできたからできる業と言えるのだろう。かつて広島カープなどで長くスカウトを務め、多くの名選手獲得に携わり、『スカウトの神様』と呼ばれた木庭教(きにわさとし)が、1974年の夏の甲子園で、当時城西のエースだった高橋慶彦がホームインした際の走塁を見て、そのスピードと躍動感に惹かれ野手として獲得したという話がある。高橋はプロ入り後、ショートに転向。足を生かしてスイッチヒッターとなり、広島の黄金時代を支えるリードオフマンとなった。何気ないプレーを見て、他人とは違うものを感じるという意味では井端も『スカウトの神様』と通じるものがありそうだ。

全国屈指の強豪である広陵の選手でも、控え選手でしかも内野手ということであればそこまで注目されるわけではない。そういう点も、井端とＮＴＴ東日本のニーズにマッチしているということになる。この選抜でのワンプレーで、池本は一躍、ＮＴＴ東日本の獲得候補となったのだ。ただ、当然それだけでオファーすることはリスクが大きすぎる。前述した高橋慶彦をスカウトした木庭のケースも、夏の甲子園後にチームを訪れて調査を行ったという。そして井端の凄いところは、そういった追跡調査も自ら行っているという点だ。選抜が終わった後に、「とりあえず広陵に行ってきます」という話は聞いていたが、４月下旬に自ら広島まで足を運び、２日間にわたって練習を視察。チームを長く指導し、数々のプロ野球選手も輩出している中井哲之監督とも長時間話をしてきたという。

井端「実際に練習も見させてもらいましたけど、守備に関してはやっぱりいいものを持っていることが分かりました。打つ方はまだまだですけど、体のサイズはありますし、どうしようもないというレベルではありません。しっかり練習を積んでいけばこれから何とでもなると思います。広陵のチームを見られたのも良かったですね。プロで活躍している（広陵）OBの選手も多いですけど、しっかり厳しく鍛えられていて、それも頷けるなと思いました。中井監督ともかなり長時間話をさせていただいて、あれだけの実績もありますし、非常に楽しい方でした。『本当に池本でいいのか？』ということも言われたんですけど、『うち（NTT東日本）としては本人が希望するなら1度練習にも参加してもらいたい』ということを伝えて、東京にも来てもらいました。社会人と一緒に練習すると高校生だとどうしてもいろいろ足りないところはあるんですけど、守備に関してはやっぱりそこまで見劣りしない。足に関してもめちゃくちゃ速いというわけではないですけど、十分に合格点と言える脚力もある。バッティングが課題だという話なんですけど、バントとか細かいプレーはしっかり鍛えられていてうまいんですよ。それで会社としても正式にオファーしようという話になりました。最初は守備固めからスタートして、できれば秋にある日本選手権くらいにはスタメンに抜擢できるくらいになってくれるといいですよね」

このような経緯で、池本の内定が決まったという。社会人チームが毎年採用できる人数は決して多くなく、その貴重な枠を使うことからも井端の一存だけで決まるものではないが、井端が選抜で池本のワンプレーを目に留め、また実際に広島まで足を運んだからこそ決まった案件であることは間違いないだろう。プロ野球の世界であれほどの実績のある選手が、ここまで熱心に、アマチュアチームのスカウティングにかかわる例はそうそうあるものではない。池本にとっても井端に見いだされたというプレッシャーは大きいかもしれないが、その期待に応えてまずは社会人球界で大きく成長してもらいたいところだ。

また、昨年のNTT東日本の採用において、もう1人、井端の目利きと動きが大きく影響していた選手が存在する。それが徳島商のエース、森煌誠だ。井端が森をじかに見たのは、23年4月に行われた、U-18侍ジャパンの候補選手による強化合宿の時である。井端は臨時コーチとしてこの合宿に指導に訪れていたが、そこで目に留めた1人が森だった。当時はまだ全国的にはそこまで高く評価されていた選手ではなかった。

井端「徳島商のユニホームを着ていたということもあって、マウンドでの立ち姿とかフォームが川上憲伸（徳島商OB）と重なったんですね。ボール自体も強いですし、高校生としては十分なレベルにある。本格的に投手をやるようになったのが高校からというのも憲伸と同じで、まだまだ伸びるピッチャーだなと思って見ていました。その時は進路もまだ決まっていなくて、プロという可能性も当然あったと思いますけど、夏前になっても大学が決まっていないと知り合いから聞いたんですね。それで、『夏の地方大会が始まってから打診に行っていたら、絶対に他のチームにとられるから』と言って、自分はU−12とかがあったんで行けなかったんですけど、うち（NTT東日本）のスカウト担当にすぐ徳島に行ってもらいました。あのタイミングで行っていなければ、多分採用は難しかったと思いますね。夏の甲子園が終わった後、U−18の臨時コーチに行った時も、本人は『プロ志望届を出すように勧めてくる人もいる』と言っていましたから」

その井端の言葉通り、森は夏の徳島大会5試合を1人で投げ抜き、そのうち2試合が完封、3試合が1失点完投という圧巻の投球でチームを優勝に導いている。甲子園でも、チームは2回戦で智辯学園に敗れたものの、初戦では優勝候補にも挙げられていた愛工大名電の強力打線を相手に1失点、10奪三振で完投。このピッチングを見ていたNPB球団のスカウト陣からも、「大会ナンバーワン投手は森じゃないですかね」という声が聞かれるほどの投球だった。甲子園終了後にはU−18侍ジャパンにも選出され、チームの初優勝にも貢献。これだけの活躍を見ると、確かに夏の大会前にアプローチした井端とNTT東日本の行動は英断だったと言えそうだ。また森については夏の地方大会以降の活躍で気がついた部分もあったという。

井端「これまでＮＴＴ東日本は、高校生のピッチャーを２人（片山楽生と寺嶋大希）獲ったんですけど、ちょっと大事に使いすぎてきた部分もあったような気がします。まずは体力をつけてから投げさせるという感じですね。でも、それでちょっと（成長が）遅れたりした部分もあったと思います。森を見ていると馬力もありますし、最近あれだけ１人で投げられるピッチャーはなかなかいないので、体力強化ばかりやらせるのではなくて、試合でも投げさせながら育てた方がいいかもしれませんね。先発でも中継ぎでもある程度役割を決めて、登板間隔だけしっかり空けてやっていこうと。ＮＴＴ東日本の監督やコーチともそんな話はしました」

プロの場合でも高校生は体を作ってからと言われるケースが多いが、実戦から遠ざかる期間が長くなることでアマチュア時代の良さが消えてしまうこともあるという。逆に高校から社会人に進んだケースでも、田嶋大樹（オリックス）などは、ＪＲ東日本で１年目から積極的に起用され、２年目からはエース格へと成長。また野手でも度会隆輝（23年ＤｅＮＡ１位）も、ＥＮＥＯＳ入社１年目から外野の定位置をつかみ、２年目の都市対抗では４本塁打を放ってＭＶＰにあたる橋戸賞も受賞している。この２人は社会人３年目にドラフトの目玉の１人となり、ともに１位指名でプロ入りを果たした。もちろん彼らの持っていた実力の高さがあってこその活躍だが、思い切って抜擢した首脳陣の決断が成長を後押しした部分もあったはずだ。森も徳島大会、夏の甲子園、U-18ワールドカップとフル回転で活躍を見せていただけに、田嶋や度会のように社会人でも早くから中心選手となる可能性は十分にあるのではないだろうか。

池本、森については見事にNTT東日本が獲得できた選手であるが、井端が早くから高く評価しながらも、縁がなかった選手ももちろん存在する。その1人が武田陸玖（山形中央→23年DeNA3位）だ。武田について井端と話したのは、23年2月にCS放送のスカイAでオンエアされた、『原石発掘！　ドラフトハンター2023年春』という番組で一緒になった時のことである。当時から武田はスカウトの間でも名前が挙がっていた選手だが、甲子園出場などはなく、全国的にはそこまで知名度が高い選手ではなかった。また高校生の選手には時としてあることだが、投手として評価するのか、野手として評価するのかという点で意見が分かれる選手でもあった。この時、筆者も井端から武田の印象を聞かれたが、投手でも高校生として十分高いレベルにあるが、より魅力がありそうなのは打撃だということ、ただ野手として考えた時にスピード、脚力がそこまで飛び抜けたものがないため、外野手でも疑問が残るということを伝えたのを覚えている。武田はこの時期にNTT東日本の練習にも参加しており、井端も特に打者としての武田に魅力を感じていたようだった。この時点ではＮＴＴ東日本入りの可能性も十分にあったのではないだろうか。

しかし、武田の評価が大きく変わることになる出来事が起こる。それが井端も臨時コーチとして参加していた、23年4月のU－18侍ジャパン候補の強化合宿だ。代表チームの監督を務める馬淵史郎（明徳義塾監督）が初日の練習後に、特に印象に残った選手として武田の名前を挙げ、「打者としても投手としても素晴らしいものを持っている」と発言したのだ。この合宿には前述した森以外にも、投手では前田悠伍（大阪桐蔭→ソフトバンク1位）、坂井陽翔（滝川二→楽天2位）、東松快征（享栄→オリックス3位）、野手も鈴木叶（常葉大菊川→ヤクルト4位）、堀柊那（報徳学園→オリックス4位）など、ＮＰＢ球団から の評価も高い選手が数多く参加している。その中で監督から最も印象に残った選手と言われたということは、視察したＮＰＢ球団のスカウト陣にも強烈なインパクトを与えたことは想像に難くない。この合宿後に井端と話した時にも、「バッティングはＮＴＴ東日本の練習に来た時よりもさらに良くなっていました。これはもうプロですね」と半ばあきらめ気味に話していた。武田はその言葉通りプロ志望届を提出し、先述したように高い評価で指名を受けている。また、議論されることが多かった投手で勝負するか、野手で勝負するかという点においては、本人の強い希望もあって、プロ入り後も大谷翔平（ドジャース）や矢澤宏太（日本ハム）に続いて二刀流に挑戦することとなった。井端とＮＴＴ東日本にとっては残念な結果に終わったともいえるが、NPB球団もアマチュアチームも高く評価していた選手を全員獲得できるわけではなく、こういった話はよくあることである。また井端が早くから高く評価していたということで、武田も自信となった部分は多かったのではないだろうか。もし将来、井端が指揮を執る侍ジャパンのトップチームで武田が二刀流として活躍するようなことがあれば、井端もきっと嬉しいことだろう。

井端はどのように選手を見ているのか?

主にNTT東日本のスカウト活動を通してのエピソードを紹介してきたが、これは井端が気にかけてきた選手のごくごく一部である。他にも番組収録やアマチュア野球の現場で、井端からは数多くの名前が挙げられ、また逆に印象を聞かれることも多い。そして侍ジャパンのトップチーム監督に就任した後も、井端は精力的に新たな才能を発掘する動きを継続している。

アジアプロ野球チャンピオンシップで優勝を飾った翌日には、明治神宮大会を視察。トップチームの監督が突然神宮球場、しかもアマチュアの試合に姿を見せたことでファンの間でも驚きの声があがっていた。当日朝に半分冗談で、「神宮大会で待ってますよ」とL

ＩＮＥを送ると、「今から行きますよ」とすぐ返信があったのには驚かされた。さらに12月には愛媛県松山市で行われた大学日本代表候補の強化合宿も訪れている。これは3年生以下の選手が対象で、翌年の大学生向けの国際大会に備えて毎年行われているものだが、トップチームの監督が訪れるのは初めてのことである。これだけフットワーク良くあらゆるカテゴリーのイベントに足を運ぶのも井端ならではと言えるだろう。

井端「ＮＴＴ東日本が獲れるか、獲れないかというのは関係なく、まず自分がいいと思った選手が、その後どうなっていくのかなというのは単純に見ていて楽しいですよね。去年（２０２３年）も、その前の年（22年）の明治神宮大会で見ていた選手を選抜でも見られたんですけど、色んな変化があって気づきも多かったです。なかなか全国をくまなく訪れるのは難しいですけど、明治神宮大会は秋の新チームで勝ち上がってきた学校が揃うので、その年にどんな選手がいるのか、どんなレベルなのかを把握するうえでもいい機会ですよね。大学だったら、12月にやっている日本代表候補の合宿に、下級生も含めてある程度はトップクラスの選手が集まる。今回のメンバーもレベルが高かったですし、次のドラフトで指名されるんだろうなという選手はいっぱいいましたね。選手にとってもこういう機会は貴重ですし、お互い刺激になるのでいい試みだと思います。明治神宮大会と大学日本代表候補の合宿はこれからもできるだけ足を運びたいですね」

補足すると明治神宮大会は高校、大学の両方が参加する秋の日本一を決める大会である。高校は、北海道から九州までの10地区の優勝校だけが出場するため、ある意味、春や夏の甲子園大会よりも出場するのが難しい大会と言える。大学も、6月に行われている全日本大学野球選手権が規模としては最大の大会であり、全国のリーグ戦を勝ち抜いた27チームが出場するが、一方の明治神宮大会は11チームと枠が少なく、こちらも出場の難易度は高い。高校は新チームが発足して間もなくのタイミングで、大学は4年生も参加する最後の大会と若干位置づけは異なるものの、毎年NPB球団のスカウトはもちろん、大学野球関係者、社会人野球関係者も多く姿を見せている。

そこで気になってくるのは、井端がどのようなポイントで選手を見ているのかという点ではないだろうか。プロの選手であれば選手名鑑が存在しており、ルーキーであってもドラフトで指名された順位などである程度の評価が分かるが、無名のアマチュア選手の場合はそういうものに頼ることはできず、見る側の視点がより重要となってくる。そのあたりについても井端に深掘りして聞いた。

井端「まずはやっぱり体の使い方ですよね。いい選手というのは体がうまく使えているから良く見えるのだと思います。特にアマチュアの選手の場合は打った、打たないなどの結果よりも体の使い方の方が大事ですよね。ピッチャーだったら腕の振り、その前の動きの下半身の使い方、バッターだったらスイングの振り出し、その前のタイミングのとり方、そういうところで無駄がなくできているというのが重要だと思いますし、スカウトの人たちも見ている部分だと思います」

　高校生であれば通算ホームラン数、大学生であればリーグ戦の成績などが分かりやすい数字として紹介されることが多いが、その数字が秀でていればプロで活躍できるというわけではなく、あくまで参考指標の一つに過ぎないというのは、プロのスカウトの間でも常識になっている。23年のルーキーでは荘司康誠（こうせい）（立教大→楽天１位）が、１年目から一軍で１００イニング以上を投げて５勝をマークする活躍を見せたが、大学時代は、４年間でのリーグ戦通算成績は２勝５敗という数字に終わっている。いかにプロのスカウトも目先の数字ではない部分を重視しているかが分かるだろう。

　そして井端が選手を見るうえでもう一つ重要視している部分があるという。それは欠点をマイナスとしてとらえすぎないということだ。

井端「高校生や大学生ですから、欠点があるのは当然ですよね。プロの選手にだってありますから。今の段階でちょっと気になるところがあっても、こういう風にしたらもっと良くなるんじゃないかなという見方はいつもしていますね。逆に結果が良くても、それがたまたま今のレベルだからできたということもあります。小学生とか中学生だと特に顕著なんですけど、成長が早くて体が大きい子は、力だけでできてしまうので。高校生でも下級生の間はそういう部分がまだ残っていますよね。だからまだ体が小さくても、動きがいいという選手はその後で伸びる可能性も高いと思います」

井端が直接かかわった選手ではないものの、番組などで一緒になる際に高く評価していることがこちらにも伝わり、プロでも順調なスタートを切った選手が存在する。それが22年のドラフト2位でロッテに入団した友杉篤輝だ。この年のドラフトは大学生の内野手、特に二遊間の選手が多く、他にも村松開人（明治大→中日2位）、林琢真（駒沢大→DeNA3位）、門脇誠（創価大→巨人4位）、奈良間大己（立正大→日本ハム5位）、田中幹也（亜細亜大→中日6位）が支配下で指名を受けている。友杉がプレーしていた天理大は阪神大学野球リーグに所属しており、この中では唯一関東の大学ではないということもあって、その実力を懐疑的に見る意見もあったが、4年時には大学日本代表候補にも選ばれ、最終的に2位という高い評価でプロ入りを果たした。

井端「守備に関しては友杉が一番良く見えました。バッティングは村松が良かったですけど、明治大はショートに（24年のドラフトの目玉と見られている）宗山（塁）がいたこともあって、正直守備は強い印象がないです。派手なプレーをするという意味で亜細亜大の後輩の田中が目立つんですけど、ちょっとあれだけの動きをプロで1年間続けられるかは疑問です。シーズンは長いので、疲れが守備の動きにも影響してきますからね。あと友杉はスピードが他の選手にはないものがある。自分も現役時代に選手を見てきて、打撃、守備、走塁などを5段階で評価した時に4ばかりの選手よりも、何か一つ飛び抜けた5以上のものがある方が強いと感じていました。そういう意味で友杉は守備が良くて、足は5と言えるだけのものがある。そうなればあとはバッティングだけに集中できますから、それは大きな強みだと思いますね」

友杉はルーキーイヤーの23年、1年を通じて一軍に定着して64試合に出場し47安打、9盗塁、打率2割5分4厘という成績を残した。プロでは打撃が厳しいのではないかという声も多かったが、1年目の数字としては十分と言えるものであり、2年目はショートのレギュラー定着の期待も高まっている。第二章で触れた上川畑大悟（日本ハム）もそうだが、プロで通用する圧倒的な強みを持っているかという点が、選手を見るうえで重要だと言えそうだ。

また友杉のような分かりやすい特長がなくても、井端の印象に残り、プロ入りを果たした選手も存在する。23年のドラフト4位で巨人が指名した泉口友汰（NTT西日本）がその選手だ。それは井端がコーチを務めるNTT東日本と、泉口がプレーしていた青山学院大とのオープン戦の時だったという。

井端「試合前にグラウンドに入ってくる姿、雰囲気が他の選手とは何か違ったんですね。それでうち（NTT東日本）の選手に、『あれ誰だ？』と聞いたのが最初でした。よく選手の持つ雰囲気とか佇まいが大事とスカウトの人も言いますけど、プレーする前に何か違うと思ったのは、泉口が初めてかもしれませんね。いろいろ聞いてみると本人はどうしてもプロでやりたいというような意欲があったわけではないみたいですけど、それでも指名されたのはプロのスカウトもいいものを感じていたからだと思います。ただ、プロでは競争がもっと激しくなりますから、もっとアピールする気持ちを持ってやってもらえるといいですね」

ＮＰＢ球団のスカウトからも、うまい選手は野球を知らないような人が見ても佇まいや身のこなしがかっこよく、雰囲気のある選手だという話を聞いたことがある。また井端の盟友である飯塚智宏も、選手を見る時はユニホームの着こなしがまず気になるという話をしていたが、そういった目利きと共通する話と言えそうだ。

ちなみに泉口は大阪桐蔭の出身で、３年春には選抜高校野球でも優勝を経験している。青山学院大でも注目を集めたが、４年春に極度の不振に陥り、結局プロ志望届を提出することなくＮＴＴ西日本に入社することとなった。ただ高校、大学ともに全国屈指の強豪でプレーしてきたという経験は大きな強みであり、社会人でも、都市対抗野球や日本選手権で目立った成績を残すことはできなかったが、それでもドラフト指名されたというのは、そういう数字では見えない部分が評価されたからではないだろうか。そんな可能性を、井端も泉口の佇まいから感じ取ったのだろう。巨人のショートといえば、23年のアジアプロ野球チャンピオンシップで井端のもとでプレーし、決勝でサヨナラタイムリーを放って大会ＭＶＰにも輝いた門脇誠が一番手と見られており、門脇よりも1学年上の泉口にとっては厳しい環境とも言えるが、その中でどこまで力を発揮できるかに注目だ。

そして井端の視点から強く感じられるのが、選手の〝現在〟だけではなく、〝未来〟をも見ているという点だ。欠点をマイナスとしてとらえ過ぎない、こうなったらもっと良くなる、そういう視点を持っている指導者は実はそれほど多くはない。NPB球団のスカウトやコーチと話していてもそう感じることは多々ある。ただ現時点で足らない部分に着目し過ぎてしまうと、いい部分を見落としてしまい、その選手の可能性を狭めることにも繋がりかねない。井端自身が高校ではレギュラーになれないと感じたところからスタートし、それでも高いレベルで通用する技量を身につけて、プロでもトップの選手になったという経験ももちろんあるが、現役時代から他の選手についても強く興味を持ち、引退後もプロの世界だけにとどまらず、あらゆるカテゴリーの野球にかかわり続けてきたことで得られた視点と言えるのではないだろうか。

そしてその眼差し(まなざ)は野球界の次代を担う選手たちにも向けられている。続く第五章ではそんな井端が注目する現在のアマチュア選手についても紹介したいと思う。

第五章

今後注目のアマチュア選手たち

トップチームに招集された4人の逸材

プロ野球のキャンプ真っ盛りの2024年2月14日、『カーネクスト侍ジャパンシリーズ2024日本VS欧州代表』（京セラドーム大阪で3月6、7日に開催）に出場する侍ジャパントップチームの28選手が発表された。試合が行われるのはシーズン開幕前の調整段階の時期であり、相手も欧州各国から選抜された選手による合同チームということで親善試合という意味合いも強い。だが、11月には第3回プレミア12を控えているということもあり、トップチームとしては貴重な実戦の機会であることは間違いない。監督である井端も、投手コーチを務める吉見一起とともにNPB12球団のキャンプ地を訪れ、自らの目で選手の状態をチェックしていた。

チームのメンバーは23年11月のアジアプロ野球チャンピオンシップのような年齢、プロ経験による制限はなく、WBCでの優勝に貢献した宮城大弥（オリックス）、村上宗隆（ヤクルト）、源田壮亮（西武）、近藤健介（ソフトバンク）などトップ選手も名を連ねた。またその一方で、プロでの実績が乏しい選手も招集されている。投手でその筆頭と言えるのが松山晋也（中日）だろう。22年の育成ドラフト1位での入団ながら、ルーキーイヤーの昨年6月に早くも支配下登録を勝ち取ると、夏場以降は勝ちパターンのリリーフに定着。36試合に登板して1勝、17ホールド、防御率1・27という見事な成績を残した。昨年WBCでも、育成ドラフト出身から支配下登録になって間もない宇田川優希（オリックス）が活躍したが、松山も同じような出世街道を歩む可能性はありそうだ。

野手でサプライズ的な選出となったのがプロ入り3年目の田村俊介（広島）だ。愛工大名電では1年夏から背番号1を背負っていたが、野手としての能力が高く評価されて21年のドラフト4位で広島に入団。ちなみに左投げながら、高校時代は強肩を生かしてサードでも出場したという逸話を持つ。プロ2年目の23年は開幕一軍入りを果たし、開幕戦にも代打で出場したものの、ケガもあって一軍での出場は10試合で8安打にとどまった。ただ井端は早くからその打撃センスに注目しており、今回のタイミングでのトップチーム招集となったのだ。田村はその期待に応えて今年のキャンプ、オープン戦でもアピールを続けており、一気にレギュラー定着の期待も高まっている。

そしてそんな中でも最大のトピックと言えるのは、金丸夢斗（関西大・投手）、中村優斗（愛知工業大・投手）、宗山塁（明治大・内野手）、西川史礁（みしょう）（青山学院大・外野手）という4人もの大学生が選出されたことではないだろうか。11年10月に代表チームの呼称が侍ジャパンに統一されて以降に限ると、13年11月に行われた台湾との強化試合では、その年のドラフトで広島から1位指名を受けた九州共立大4年の大瀬良大地、日本ハムから3位指名を受けた明治大4年の岡大海（現・ロッテ）が参加したことがあったが、ドラフト指名前のアマチュア選手がトップチームに選ばれることは今回が初めてである。しかも4人もの選手を招集しているところに、代表チームの将来を重視した井端らしさがよく表れていると言えるだろう。代表選手を発表する記者会見では、「（4人の大学生は）今年のドラフト会議で間違いなく指名される選手です。プロ入り後すぐにトップチームに入ってくることができるポテンシャルは持っているので、学生時代に侍ジャパンのユニホームを着る経験が大事だと思いました」と話している。また選ばれた4人も今回の代表選出について以下のようなコメントを残している。

金丸夢斗「憧れであった侍ジャパンに選出され大変光栄に思います。自分の最大の持ち味であるストレートで勝負し、勝利に貢献できるように頑張ります」

中村優斗「侍ジャパントップチームに選出され大変光栄に思います。このお話を頂いた時には非常に驚きましたが、今は身の引き締まる思いです。持ち味であるストレートを生かしチームに貢献できるよう精一杯頑張ります」

宗山塁「この度、侍ジャパン日本代表チームに選出していただきとても光栄です。走攻守バランス良く、勝負強さを発揮してチームに貢献したいと思います。高いレベルの選手達の中で一つでも多く良いものを吸収できるよう、学生らしく泥臭く頑張っていきます」

西川史礁「まずは侍ジャパンに選出していただき、非常に嬉しく思っています。自分のアピールしたい点は長打力と肩の強さです。大学生らしくチームの力になれるよう全力で頑張ります」

４人が代表チームに選ばれてからは、あらゆる媒体でその特徴を紹介する記事も出ていたが、プロ野球ファンでも実際にそのプレーを見たことがある人は少数だろう。実は24年1月に井端から話を聞いた時点でも、この4人については既に代表チーム入りが内々定している状態であり、井端が評価するポイントも聞くことができたため、その時の話を踏まえながら、４人の逸材の注目ポイントについて紹介したいと思う。

まず４人の中でも井端が最も早くから注目していた選手が、自身と同じショートである宗山塁だ。宗山は、井端がＮＴＴ東日本にスカウトした池本真人と同じ広陵高校の出身であり、２年春にはセカンドのレギュラーとして選抜高校野球にも出場している。ちなみに筆者が初めて宗山のプレーを見たのは1年秋に出場した明治神宮大会でのことだった。チームは星稜のエースである奥川恭伸（現・ヤクルト）の前にわずか3安打に抑え込まれ、投手陣も失点を重ねて7回コールド、0対9で大敗を喫している。しかしそんな中で3番、セカンドで出場した宗山は、1回の第一打席で奥川の投じた初球の149キロのストレートをとらえてライト前ヒットを放つなど2安打をマークし、当時からミート力の高さは際立っていた。

広陵高校を卒業した後は、東京六大学の明治大に進学。全国から有望な選手が揃うチームの中でも、1年春のシーズン途中からレギュラーに定着している。井端が宗山に注目したのも大学1年生の時であり、井端のYouTubeチャンネルである『イバTV』でも22年6月に公開された動画で、大学4年生のドラフト候補と並んで早くも、注目選手として当時2年生だった宗山の名前を挙げている。またスポーツナビのYouTubeで定期的に配信している『井端・西尾ドラフト対談』（24年は『赤星・西尾ドラフト対談』として継続）でも、23年5月の時点で「来年のドラフト1位は確実」と語っていた。では井端は宗山のどんな部分を高く評価しているのだろうか。

井端「NTT東日本とのオープン戦で見たのが最初でしたけど、まず雰囲気が良かったですよね。誰よりも落ち着いてプレーしているように見えたので、あれは何年生だろうと思って調べたら、『1年生⁉』と驚いたのを覚えています。もうその時点で、大学を卒業した後は社会人じゃなくてプロだなと思いました。大学日本代表の合宿にも臨時コーチで行かせてもらって、間近でじっくり見て、どこか守備で悪いところないかなと思って探したんですけど、なかったですね。どんな打球にも〝二の足〟だけじゃなくて〝三の足〟くらいまで出ます。現役のプロ野球選手と比べても、既に源田の次くらいに上手いと思いますね。下級生の頃はコロナ禍もあって、ちょっと練習量も少なかったのか、体が絞れていなかったみたいなんですけど、3年生になる時に1回絞ったという話も聞きました。そこからまた筋肉をつけていこうとしていると。自分が大学生の時はとてもじゃないですけど、そんなことまで考えていなかったです。そういうところもプロ向きですよね」

井端の高い評価を裏付けるように、宗山は大学球界を代表する選手に成長。2年春には首位打者を獲得して早くも大学日本代表入りを果たし、その後も厳しいマークの中でも結果を残し続けて、3年秋のシーズン終了時点で通算94安打、8本塁打、打率・348という圧倒的な数字をマークしている。24年のドラフト戦線でも最注目の選手であり、NPB球団の年初のスカウト会議でも必ずその名前が挙がるまでの存在となった。ただ、それだけの注目選手になったからこそ、さらなるレベルアップを目指してもらいたいと井端は語る。

井端「下級生の頃からずっと活躍していますし、本人にとっては大学日本代表に選ばれても当然という感覚で、ちょっと刺激がなくなってきていると思います。大学生の4年間は長いので、早くから活躍している選手はどうしても上級生になると気が緩んで、それがプレーに出てしまうこともあります。だから宗山には12月の大学日本代表候補合宿に行った時に、3月のトップチームのメンバーに呼ぶつもりだからということは伝えました。今でもプロの中で十分できるだけの力はあると思いますけど、そこで満足してもらっていては困りますからね。高いレベルの選手と一緒にやって、もっと上を目指してもらいたいです」

前述したように24年3月のトップチームに選ばれた選手の中には、現在の日本球界でトップクラスのショートである源田も含まれており、年齢が近い小園海斗（広島）、紅林弘太郎（オリックス）の名前もある。彼らとともにプレーする中で、宗山が多くの学びを得て、さらなるスケールアップを果たしてくれることを期待したい。

24年のドラフト戦線における野手の目玉が宗山だとすれば、投手の目玉と見られているのが金丸夢斗だ。高校時代は兵庫県の神港橘高校でプレーしていたが、甲子園や近畿大会などの出場経験はなく、3年時はコロナ禍で公式戦がことごとく中止になったこともあって、全国的には無名の存在だった。卒業後は高校（当時の校名は市立神港）の先輩にあたる山口高志（元・阪急）がアドバイザーを務めている関西大へ進学。1年秋にリーグ戦デビューを果たすと、2年春には早くもリーグトップとなる防御率0・33という圧倒的な数字を残している。この頃から関西の野球関係者から金丸の名前がよく聞かれるようになった。

そんな金丸の存在を井端が知ったのは偶然の出来事だったという。関西大が所属している関西学生リーグは22年秋からCS放送の『スカパー！』で中継が行われることになり、その解説として井端が呼ばれた時に見たのが最初だった。

井端「プレーボールがかかると、関西大のキャッチャーが左バッターの内角高めに構えたんですね。左ピッチャーが狙って投げるのは難しいコースなので、いきなりそこに構えるかと思って見ていたら、149キロのストレートがそこに来て驚きましたね。こんなピッチャーがいるのかと。この初球のストレートで、バッターは完全に踏み込めなくなって勝負ありでした。実況のアナウンサーにいろいろ聞かれたんですけど、どんな経歴のピッチャーなのか手元の資料を調べるのに必死で、耳に入ってこなかったです（笑）」

金丸は2年秋のこのシーズン、6勝0敗という見事な成績を残してチームの優勝に大きく貢献。MVPと最優秀投手のタイトルも獲得している。金丸自身にとって初の全国の舞台となった同年の明治神宮大会でも、強豪の東農大北海道オホーツクを相手に、7回を投げて被安打4、1失点、自責点0、8奪三振で勝利投手となった。

金丸の勢いはその後もとどまることを知らず、3年春もシーズン終盤に右ひざを痛めて優勝は逃したものの、負けなしの3勝0敗。3年秋は登板した6試合全てで勝利投手となり、うち5試合で二桁奪三振という圧巻の投球でチームを優勝に導いた。3年秋までの通算成績を見てみると19勝2敗、防御率1・07という驚きの数字となっている。関西学生リーグは全国でも上位のレベルを誇り、その中でこれだけの成績を残せるというのは尋常ではない。最速153キロという数字が報道されることが多いが、本格派サウスポーでありながらコントロールも抜群で、1試合あたりの四死球の数が2個以下というのも高い評価に繋がっている。23年12月の大学日本代表候補合宿での紅白戦で、宗山と直接対決した時も、150キロ前後のストレートで三球三振に抑えて見せた。即戦力の投手が欲しい球団にとっては、まさに垂涎の存在と言えるだろう。そんな金丸に対しても、井端からは期待しているからこそ高い注文を求める言葉が聞かれた。

井端「2年の時に初めて見てから順調に成長しているのは嬉しいですね。一球見ただけでこれは凄いと言葉が出てこなかったのは、解説をしていても初めてでしたから。ただ12月の大学日本代表候補合宿の時はだいぶ流して投げていましたよね。宗山の打席は力を入れていましたけど、良い時のボールはもっと力があるはずです。実績も十分でアピールする必要がないということはありますが、大学生を抑えて満足してもらっては困るピッチャーだと思います。プロでも同じ年齢で、既に一軍で活躍している選手もいるわけですから。3月にそういう投手のピッチングを見るのもいい刺激になりますよね。コンディション的に問題なければ、欧州代表との2試合目で先発を任せたいと思っています」

23年12月の代表合宿の紅白戦後に、筆者も金丸から話を聞くことができたが、リーグ戦でフル回転した疲れもあってか、本来の調子ではなかったと話していた。プロの長いシーズンを戦うためには、さらに高いレベルでのコンディショニング能力が求められることになるだろう。また井端の話すように欧州代表戦のメンバーには、金丸と同学年で、昨年パ・リーグの新人王に輝いた山下舜平大（オリックス）、アジアプロ野球チャンピオンシップで好投を見せた根本悠楓（日本ハム）の2人も選ばれている。先にプロの舞台で結果を残している彼らからも多くを学び、金丸がさらに凄みを増すことも期待できそうだ。

宗山、金丸の2人は下級生の頃からチームの中心だったが、3年生になってから急浮上してきたのが西川史礁だ。関西でも屈指の強豪校である龍谷大平安高校出身で、2年春には選抜高校野球にも出場し、背番号16ながらショートのスタメンとして3試合に出場している。青山学院大では、2年秋までリーグ戦通算わずか2安打と、結果を残すことができないシーズンが続いた。が、3年春に4番に定着すると打率3割6分4厘、3本塁打、10打点の活躍でチームの優勝に大きく貢献し、ＭＶＰとベストナインも受賞。続く全日本大学選手権でも4試合で15打数7安打、1本塁打と4番の役割を果たし、チームは18年ぶりとなる日本一を達成した。さらに西川の評価を上げることになったのが大学日本代表での活躍だ。6月に行われた代表選考合宿では23年のドラフトで楽天から1位指名を受けた古謝樹（当時・桐蔭横浜大）からホームランを放つと、7月の日米大学野球でも全試合4番に座り、メジャー・リーガーの卵たちからも、5試合で3割を超える打率をマークして見せたのだ。井端が実際にプレーを細かく見たのは6月の代表選考合宿で臨時コーチを務めた時だったが、その印象を以下のように話している。

井端「まずバットがよく振れますよね。空振りしてもあれだけしっかりフルスイングされたら相手バッテリーは嫌だと思います。青山学院大は昨年（23年）春の日本一のチームですし、そこでずっと4番を打って、大学日本代表でも4番を任された。打線の中心にいるのが似合う選手ですよね。あと、ただ強く振れるだけでなく、コンタクトする力もあって反対方向にもしっかり打てる。リーグ戦で対戦しているピッチャーのレベルが高いというのもありますけど、大学選手権とか国際大会で、初めて対戦するピッチャーにも対応できるというのもいいですよね。トップチームでも何番を打たせようか迷っていますが、状態がよければ上の方の打順でも使ってみたいですね」

23年のドラフト会議では、西川がプレーしている青山学院大が所属する東都大学野球連盟から、7人もの投手が1位指名されたことも話題となった。その中でも西川は、亜細亜大の草加勝（中日1位）、中央大の西舘勇陽（巨人1位）からもホームランを放っており、前述した古謝も含めると、3人のドラフト1位の投手を攻略したことになる。それも井端が話すように振る力や長打力だけでなく、対応力のある証明と言えるだろう。

ただ、ブレイクしたのが3年春であり、まだ大学3年間トータルで考えた時の実績は十分とは言えず、それが不安要素とも言える。井端もその点は危惧している部分だという。

井端「12月に松山で行われた大学日本代表候補合宿では、ちょっと良くなかったですね。夏前に臨時コーチで行った時と比べると、良くない意味でバッティングが小さくなっているように見えました。3年春にいきなり出てきて、一気に大学日本代表の4番にまでなったので、無我夢中でやっていた部分もあったと思います。それが今度は相手からも研究されて追われる立場となって、いろいろと考えた部分もあったでしょう。ただ持っている力は間違いありませんから、ここからさらに一皮むけてもらいたいですね」

井端の言葉通り、23年12月の大学日本代表候補合宿での紅白戦では、2試合でシングルヒット1本と、目立った結果を残すことはできなかった。3年から4番を打っていたとはいえ、宗山や金丸と比べると万全な実績があるわけではなく、また外野には他にも力のある選手が揃っているだけに、大学日本代表チームの中でもその地位は決して安泰ではない。そういう意味でもトップチームでの経験をどう生かせるかが、今後の西川の野球人生においても重要になってくることは間違いないだろう。

そして4人の中で唯一、〝地方リーグ〟から選出されたのが愛知工業大の中村優斗だ。高校時代は長崎県立諫早農業でプレーしており、中村の在籍時を含め、学校として甲子園出場経験はない。県内の野球関係者には、多少名前を知られた存在だったとのことだが、地方リーグの愛知工業大に進学していることからも、全国区の選手ではなかったことは間違いないだろう。また今回選ばれた大学生４人の中でも、高校、大学を通じて、全国大会に出場した経験がないのは中村だけである。

ただ逆に言えばそれだけの実績がないにもかかわらず、トップチームに選ばれたというところに中村の非凡さが表れている。大学１年春からいきなりリーグ２位の防御率を記録すると、その後も先発として活躍。同じリーグには、松本凌人（りょうと）（ＤｅＮＡ２位）、岩井俊介（ソフトバンク２位）と23年、２人の投手が上位指名でプロ入りした名城大など力のあるチームが多い。そのためなかなか勝ちに繋がらない試合も多かったが、それでも中村は着実にレベルアップを続け、２年秋のシーズンが終わる頃には愛知の野球関係者の中では、名前を知らない者がいないくらいの存在となった。筆者が初めてその投球を見たのは、３年春のリーグ戦前に行われた社会人チームとの対抗戦だった。９回から３番手で登板した中村は、まだ3月上旬だったにもかかわらず、１５０キロを超えるストレートを連発し、最速は１５３キロをマーク。１イニングをパーフェクト、１奪三振と、東海地区の社会人でも屈指の強豪であるヤマハの打者を完全に圧倒して見せたのだ。試合を視察していたＮＰＢ球団のスカウトからも「モノが違う」という声が聞かれた。

実はこの試合の３日後、ＮＴＴ東日本のグラウンドで行われたＪＦＥ東日本とのオープン戦で井端と顔を合わせる機会があり、その時に中村の話もしている。筆者の話を聞いた井端も中村に興味を持ったようで、「愛工大（愛知工業大の略称）の中村、覚えておきます」と話していた。そして、実際に井端が中村の投球を目の当たりにしたのが、23年12月の大学日本代表候補合宿だ。紅白戦に登板した中村は、合宿に招集された投手の中で最速となる157キロをマークし、全国レベルの強打者たちを圧倒。2回を投げて無失点の好投を見せたのだ。この時の投球が、今回のトップチーム招集へと繋がることとなった。

井端「西尾さん（筆者）からも他の人からも中村のことは聞いていて、映像ではチェックしていましたけど、実際見てもやっぱり良かったですね。球場のスピードガンでは、ストレートは全部150キロを超えていましたし、打者から見た体感も速いと思います。スピードに関しては一番ですね。そんなに身長があるわけではないですけど、体つきもしっかりしていて、力任せに投げているわけではなくても、速いボールが投げられていました。だからコントロールも安定していて、速いだけの投手ではないと思います。金丸もそうですけど、ピッチャーは調整もあるので3月上旬に招集するのは難しい点もありますが、本人の意向を聞いてもぜひ出たいと言ってくれました。短いイニングの起用で、12月の時くらいのスピードを出してくれたら盛り上がると思いますね」

23年12月の大学日本代表候補合宿で、何人かの野手に印象に残った投手について聞いた時も、多くの選手の口から中村の名前が挙がっていた。大学日本代表候補に選ばれるのもこれが初めてだったが、残したインパクトという意味では宗山、金丸、西川を上回っていたことは間違いない。余談ではあるが、侍ジャパンという呼称になる前の07年7月に行われた、北京五輪予選の日本代表トップチームには、当時愛知工業大4年だった長谷部康平（元・楽天）が選出されて大きな話題となった。またそれ以前には、１９８５年の明治神宮大会で、当時３年生だった西崎幸広（元・日本ハム、西武）がエースとして活躍し、愛知工業大を準優勝に導いている。決して全国的な強豪チームというわけではないが、このように、時折高いポテンシャルを持った投手が地方の大学から出てくるのも面白いところであり、日本のアマチュア野球界の裾野が広いことの証明でもあると言えるだろう。

井端塾での教えと４人の大学生の共通点

トップチームに招集された４人の大学生の中では、最後に触れた中村優斗が、所属しているリーグや経歴を考えると、大学で最も出世した存在と言える。しかし高校時代からドラフト候補という意味で全国的に名前を知られていたのは宗山だけであり、金丸と西川も大学で大きく成長した選手であることは間違いない。またこの4人には実はある共通点がある。それは全員の誕生日が、1月以降のいわゆる〝早生まれ〟であるということだ。4人の誕生日はそれぞれ以下のようになっている。

宗山塁・2003年2月27日生まれ
金丸夢斗・2003年2月1日生まれ
西川史礁・2003年3月25日生まれ
中村優斗・2003年2月8日生まれ

早生まれが野球と何の関係があるのか疑問に思われる人も多いかもしれないが、実は小学生や中学生など、ジュニア年代においては「生まれ月」と「競技力」の関係性は非常に高いものとなっているのだ。東京農業大の応用生物科学部で、発育発達学、コーチング学を専門としており、長年、生まれ月とスポーツの関係性について研究している勝亦陽一教授はこう話す。

勝亦「野球選手、野球をしている子どもの生まれ月を4～6月、7～9月、10～12月、1

～3月と4つに分けて調べてみると、小学生ではほとんど差はありません。しかし中学、高校とカテゴリーが上がっていくと、4～6月生まれと7～9月生まれの選手割合が高くなり、生まれ月が遅い選手は減っていきます。子どもの頃は生まれ月が早い方が当然成長も早くなることが多く、それだけ同じ学年の中では有利になりやすいです。逆に早生まれの子どもは、有能感（自己肯定感）や達成感を得られず、体が同学年の子ども達に追いつく前に野球をやめてしまうことが多いのだと考えられます。少年野球でのポジションについても調べてみると、ピッチャーとキャッチャーは、4～6月生まれの子どもが多い傾向にあります。それだけ同じ学年の中では投げる力のある子が多いからではないでしょうか。

小学校や中学校で試合に勝とうと思えば、そういう成長の早い子ども達を集めてチームを作ることが近道となります。その一方で、成長の遅い早生まれの子ども達は、指導者から見向きもされないということにも繋がりかねません。勝つことを目標としているのは決して悪いことではありませんが、もしそういう方針なのであればしっかりそれを打ち出して、理解してもらって入団してもらうべきだと思います。逆に小学校や中学校では過剰に勝つことを目指すのではなく、どんな子どもも有能感や達成感を得ることができ、将来に大きく花開くことを目標とするチームがもっとあってもいいはずです。野球を楽しいと感じられずにやめてしまう子どもがいるということは大人の責任ですから、そういうことは指導者の方にもしっかり考えてもらいたいですね」

24年の春の選抜高校野球に出場した、32チームのベンチ入りメンバー633人（大会直前のメンバー変更を除く）の生まれ月を調べたところ、以下のような結果となった。

4〜6月生まれ：240人
7〜9月生まれ：192人
10〜12月生まれ：110人
1〜3月生まれ：91人

小学生、中学生の間に、同学年の中で成長が遅かった選手たちが、高いレベルの高校野球をやる前にドロップアウトしてしまっていることがよく分かる数字と言える。これは決して今年だけの現象ではなく、甲子園出場メンバーについて調べると、毎年同様の傾向が見られている。ちなみに、24年春の選抜に出場したチームの中で、4〜6月生まれの割合が最も多かったのは、現代の高校野球界で圧倒的な結果を残している大阪桐蔭で、ベンチ入り20人中、実に7割にあたる14人となっていた。中学野球だけでなく、高校野球でも結果を残そうと思うのであれば、「生まれ月」が早い早熟タイプの選手を集めて、鍛え上げることが近道であることを如実に表していると言えそうだ。

しかし、今回トップチームに招集された4人のように、体が成長して大きく競技力が上がるケースも確実に存在している。勝亦教授のアドバイスを受けた少年野球チームでは、学年でチームを分けるのではなく、身長と体重による、体の大きさで分けているような例も出てきているとのことだった。野球人口の減少が叫ばれていることを考えると、成長が遅いからという理由で、早々にドロップアウトしてしまう選手をいかに減らすかが重要になってくることは間違いないだろう。

そして第三章で紹介した井端塾での指導方針は、まさにそんな選手たちが長く続けるために必要な技量を磨くことを重視しているものであり、塾長である井端が監督を務めるトップチームに選ばれた大学生の4人が揃って早生まれというのも、これからの野球界にとって重要なことを暗示しているように感じられた。

まだまだいる井端注目のアマチュア選手

２０２４年3月の欧州代表との強化試合では、4人の大学生がトップチームに招集されたが、彼ら以外にも井端が注目しており、現時点で既にドラフト1位候補と見られている選手はまだまだ存在する。

まず井端が最後まで招集を迷ったというのが大阪商業大の渡部聖弥だ。渡部は宗山と同じ広陵の出身で、2年春に出場した選抜高校野球ではサードのレギュラーとして出場している。宗山と比べると、高校時代はそこまで目立つ存在ではなかったが、関西でも屈指の強豪である大阪商業大で、外野手に転向すると大きく才能が開花。2年秋には打率4割4分7厘、リーグ新記録となるシーズン5本塁打を放ち、首位打者と特別賞を受賞した。3年時には宗山、西川とともに早くも大学日本代表に選出され、日米大学野球でもホームランを放つなど、チームの優勝に貢献した。井端も23年に、大学日本代表の臨時コーチを務めた時からそのプレーぶりに注目していたという。

井端「12月の大学日本代表候補合宿を見た感じでは、正直、西川よりも渡部の方がいいプレーをしていました。しっかり体作りができているように見えますし、それでも力に頼らずに遠くに飛ばす技術を持っていますよね。西川は、どちらかというと引っ張って大きい当たりが多いですけど、渡部はセンターから右方向への打球も目立ちます。足と肩も代表チームの中でも上位ですね。人数の関係で3月のトップチームへの招集は見送りましたけど、実力的に考えれば選ばれても全くおかしくない力はあると思います」

渡部は3年秋までリーグ戦通算89安打、7本塁打を放っており、通算打率も3割6分2厘を誇る。そして、それ以上に渡部の凄さを物語っているのが、全国大会での成績である。これまで春の全日本大学野球選手権、秋の明治神宮大会に合わせて5度出場し、42打数20安打、打率4割7分6厘をマークしているのだ。これは、宗山や西川の全国大会での成績を遥かに上回る数字であり、それだけ高いレベルの投手を苦にしていない証拠と言えるだろう。ちなみに、12月の大学日本代表候補合宿で中村が157キロをマークしたのは渡部の打席の時であり、他の打者と比べても明らかに力を入れて投げていたのが分かった。が、渡部はそのボールに対しても空振りすることなく、ファウルで逃れている。大学3年間の実績という意味では宗山、金丸にも負けていないだけに、今回トップチームに選ばれなかった悔しさをバネにして、さらなる成長を見せてくれることを期待したい。

12月の大学日本代表候補合宿を視察した際に、井端の口から名前が挙がった選手は他にもいる。投手で真っ先に名前が挙がったのが日本体育大の寺西成騎（なるき）だ。

井端「明治神宮大会も映像で見ましたけど、実際に見た方が良く見えますね。フォームのバランスが良くて、そんなに思い切り投げていないように見えて速いボールが来るので、打者は差し込まれやすいと思います。ケガで投げられなかった時期が長かったという話も聞きましたが、そこからここまで投げられるようになったというのもいいですよね。体も大きいし、ピッチャーらしいピッチャーだと思います」

寺西は石川県の出身で、松井秀喜（元・巨人など）を輩出した能美市立根上中学ではエースとして全国大会に出場。U-15侍ジャパンにも選ばれたという経歴を持つ。松井と同じ星稜に進学し、1学年上には奥川恭伸がいたが、1年夏に出場した甲子園では、2試合にリリーフ登板して、いずれも140キロを超えるスピードをマークして注目を集めた。しかし2年夏に肩を痛めた影響で3年時は1試合も公式戦で登板することができず、大学でも2年間はリハビリの日々を送ることとなった。

ようやく復活したのは大学3年春だ。全国でもトップクラスの豊富な投手陣を誇るチームで、エース格となると5勝0敗、防御率0・31という成績を残してチームを優勝に導き、MVPと最優秀投手のタイトルを獲得した。井端のコメントにもあるように186センチの長身で、身体的なスケールの大きさがあり、昨年秋には最速153キロもマークしているように、ケガを経験してもスピードは確実にアップしている。また大型でありながら、リーグ戦での1試合あたりの与四死球率は2点台前半と制球力も非常に高い。12月の大学日本代表候補合宿の紅白戦では2回を投げ3安打を許し、1失点と結果は決して良いものではなかったが、それでも井端の目にとまったというところにポテンシャルの高さがよく表れていると言えるだろう。

井端はアジアプロ野球チャンピオンシップで優勝を果たした翌日には、明治神宮大会の決勝にも足を運んだことは前にも触れたが、高校の部にも気になる選手が存在していた。それが作新学院のエースである小川哲平だ。

井端「高校に入学してきた時から評判でしたよね。1年生の時に投げている映像を見て、いいピッチャーだなと思いました。23年の選抜でも楽しみにしていて、ブルペンでは投げていたのですが、状態が悪かったのかなかなか投げなかった（1試合、1／3回のみの登板）。それでちょっと心配していたのですが、神宮大会の決勝を見てしっかり投げられていたので安心しました。ケガもあったみたいですし、入学してきた時の期待から考えるとまだまだこんなものではないと思いますから、選抜でどこまで成長しているか楽しみですね」

小川は、中学時代に、硬式よりもスピードが出づらいと言われている軟式ボールで140キロを超えるスピードをマークし、高校入学直後の1年春の関東大会でも登板するなど、早くから大器と期待されていた右腕だ。しかし1年秋に右肘を痛め、井端の言葉にもあったように、2年春に出場した選抜高校野球では、本調子とは程遠い投球に終わった。ようやく本来のピッチングを取り戻したのは2年秋の新チームになってからで、関東大会では2試合、14回を投げて自責点0の快投を見せて、チームの優勝に大きく貢献。明治神宮大会では惜しくも準優勝に終わったものの、3試合、18回で1失点という抜群の安定感を見せた。183センチ、92キロという堂々とした体格で、高校の大先輩である〝江川卓二世〟と呼ぶ声も多く、24年の選抜での活躍次第では一躍ドラフト上位候補となることも考えられるだろう。

高校生のピッチャーでもう1人、井端が驚いたという選手がいる。それが広陵の高尾響だ。福岡県出身の高尾は、飯塚ボーイズでプレーしていた時から評判のピッチャーで、高校でも1年夏から背番号1を背負っている。井端と接点が生まれたのは、第四章で触れた池本真人を視察しに広陵を訪れた時のことだった。

井端「もちろんいい投手だというのは知っていました。せっかく来たのだからピッチングを見ようと思ってブルペンに行ったら、高尾の方から『打席に入ってもらえませんか？』と声をかけてきたんですね。ちょっと生意気だなと思いましたけど（笑）、なかなかそういうことは言えませんよね。それで打席に入ってみたら、これはプロのボールだなと思いました。当時は下級生で、まだスタミナがないということで、試合だとちょっと力を抜きながら投げているみたいですが、ちゃんと投げた時のボールはなかなか高校生では打てないと思います。２年秋の神宮大会は立ち上がりから明らかにボールが走っていなくて、後で中井監督に聞いたんですが、佐々木朗希（ロッテ）の真似をして左足を高く上げて投げてみたら上手くいかなかったと言っていました。普通全国大会でそういうことはできないですし、中井監督も冗談っぽく怒っていましたけど、いい度胸してますよね。そういう性格もプロ向きかなと思います」

井端の話にもあったように、２年秋の明治神宮大会での高尾は立ち上がり明らかにバランスが悪く、優勝した星稜を相手に６回を投げて７失点（自責点２）で負け投手となっている。ただ、中盤からは本来のフォームに戻し、この大会で登板した投手の中では最速となる１４６キロをマークするなど、能力の高さは十分に示した。広陵は卒業時点でプロ志望の選手は少なく、大学や社会人を経由してプロ入りすることが多いが、高尾もその流れに乗って数年後のドラフト戦線の目玉となる可能性も高そうだ。

最後にもう１人、昨年の明治神宮大会での登板はなかったため残念ながら井端の目には触れていないものの、今後日本の野球界を席巻する可能性を秘めた選手を筆者から紹介したい。それが、24年春に大阪桐蔭の新2年生となる森陽樹（はるき）だ。森は中学時代は宮崎県の聖心ウルスラ学園聡明中学の軟式野球部でプレーしており、当時から凄い中学生が宮崎にいるというのは高校野球関係者の間でも評判になっていた。実際にそのプレーを見たのは、22年8月22日に行われた全日本少年軟式野球大会の対上一色中学戦だった。当時から187センチの上背は他の選手と比べても頭一つ以上抜きん出ていたが、さらに驚かされたのがそのピッチングだ。立ち上がりからストレートはコンスタントに130キロ台後半をマークし、最速は141キロをマークしたのである。最近のトップレベルの中学生は140キロを超えることも珍しくなくなっているが、長いリーチを生かした豪快な腕の振りということもあって、そのボールはスピードガンの数字以上に勢いが感じられた。全国の小中学生の指導者にネットワークを築いている巨人は、早くから森の存在をキャッチしていたとのことで、大阪桐蔭に入学が決まった直後には水野雄仁スカウト部長からも、「早く大阪桐蔭に入った森が見たいんだよね。凄いんでしょ？」という声も聞かれたほどだった。

軟式野球部出身ということで、硬式のボールに慣れるために高校入学直後は慎重にトレーニングを積んでいるという話で、夏までは公式戦にベンチ入りすることはなかった森だが、6月に行われた享栄との練習試合では、早くも最速146キロをマークしてモノの違いを見せつけた。そしてその大器ぶりが広く知れわたることになったのが、10月の近畿大会だ。初戦の高田商戦で9回からリリーフして1回を無失点、3奪三振と完璧なリリーフを見せると、選抜出場に向けての大一番となった準々決勝の報徳学園戦では、1点差の8回から2イニングをパーフェクト、4奪三振と圧巻の投球で試合を締めくくって見せたのだ。この試合でのストレートは、大阪桐蔭のコーチの計測で最速151キロに達していたという。筆者も高田商との試合は現地で見ることができたが、それまでに登板していた投手とは明らかにボールの勢いが違い、1年前の8月に見た時と比べても、着実なスケールアップが感じられた。さらに、決勝の京都外大西戦では、先発を任されて7回を被安打3、9奪三振で無失点と長いイニングでもしっかりと試合を作り、チームの大会三連覇にも大きく貢献している。NPBの近畿地区担当スカウトからは早くも、「佐々木朗希（ロッテ）みたいになれる」という声も聞かれており、そのポテンシャルの高さを絶賛する声は多い。選抜高校野球も視察予定という井端が、そのピッチングを見て、どんな感想を話してくれるのかが今から楽しみである。またこれからの成長度合いによっては、25年の侍ジャパントップチームの強化試合に高校生として史上初めて選ばれる、そんな話も決して夢物語ではないはずだ。

選手を見る井端の視点も次のステージへ

ＮＴＴ東日本のスカウト活動では基本的に選手のプレーを視察することがメインだが、井端はそれに加えて、U-18と大学日本代表でも臨時コーチを務めたことから、ここ数年で有望な学生選手と直接接する機会も増えている。選手と実際に会話をする中で新たに気がついた面も多かったという。

井端「23年の大学日本代表のメンバーは、多くの選手がドラフト1位で指名されていますし（15人がプロ入りし、うち7人がドラフト1位）、下級生の頃から活躍している選手も多かったので、みんな自信満々なのかなと思っていましたが、実際に話してみるとそうでもないんですよね。意外にも、みんな『プロから指名があるのかどうか不安』という声が多かったです。自分は大学生の時に半分以上はプロ入りはないと思っていて、進路先の社会人チームも決めていたのでそういう立場でしたけど、1位間違いないだろうという選手でも、そんなに自信があるわけではないんだなというのは新たな気づきでしたね。でも、大学生でもプロに入っていきなり活躍する選手も結構いるじゃないですか。自分が同じ東都でやっていた上の世代では、井口（資仁・元・ダイエーなど）さん、今岡（真訪・元・阪神、ロッテ）さんは1年目に苦しみましたけど、同学年では川上憲伸と高橋由伸がプロでもいきなり主力でした。最近でも、牧（秀悟・DeNA）や伊藤（大海・日本ハム）が、早くから侍ジャパンにも入っていますよね。あと思ったのは、今の大学生とか高校生の選手たちの方が、うまくなろうという気持ちを強く持っていますよね。広陵の高尾が自分に、『打席に入ってボールを見てください』って言ったのもそうですけど、大学生の選手も凄くいろんなことを聞いてきますし、貪欲だなと思いました。あと選手同士でもよく質問したり、アドバイスとかもしていますよね。その年代のトップの選手たちだからということはもちろんあると思いますけど、自分が大学生の頃に比べたらみんな意識は高いですよ。正直、自分は、どうやって練習で楽をしようかということばかり考えていましたからね（笑）。だから大学日本代表でも活躍しているような選手はもっと自信を持ってやってもらえばいいと思いますし、プロのトップレベルを早いうちから意識してもらいたいですよね。トップチームに選んだ4人の大学生にも、そんなことを伝えています」

プロ入り前から自信満々という選手はなかなかいないのは当然だが、筆者もドラフト候補と言われる選手を取材した際に、意外に自己評価が低く、自信がないという選手はたしかに少なくない。また何をきっかけに自信をつけていくかということも、人それぞれではあるものの、メディアによって注目されている選手とプレーして自分が劣っていないと感じることが自信に繋がることも多いという。年代別の代表チームが編成される大きな意義の一つはそのことであり、能力の高い選手は上のカテゴリーに飛び級で参加するということも、サッカーなど他の競技では常識となっている。また、あらゆる年代の選手について熟知している井端から高く評価されるということも、選手の自信に繋がるはずだ。

そして井端のスカウトとしての目線はまた新たなカテゴリーにも向けられている。それはトップチームとともに監督を務めることとなったU-15、つまり中学生の選手たちである。井端塾ではもちろん、中学生の選手も指導しているが、全国でもトップクラスの選手を見る機会はこれまであまりなかったそうで、そのことに対しては井端も非常に楽しみにしているという。

井端「U-15の大会が24年8月にあるんですけど、選手の情報はいろんな連盟から聞いて、3月から4月くらいにはある程度頭に入れておきたいですよね。これまで自分の塾に来ていた選手は見てきましたけど、全国大会は23年8月にあったジャイアンツカップ（硬式の4連盟の代表チームによって行われる中学野球の日本一決定戦）で少し解説をさせてもらったくらいで、それ以外は見ていませんからね。自分たちの頃とはレベルも全然違うと思いますし、実際に足を運びたいと思っています。24年3月に大阪でシニアリーグ、東京の大田スタジアムでボーイズの全国大会がありますよね。高校野球の選抜も予定は押さえているんですけど、中学生も見たいので、そこはフルに活動するつもりですよ（笑）」

中学の硬式野球は、シニアリーグ、ボーイズリーグ、ヤングリーグ、ポニーリーグの4団体が全国規模で活動しており、代表チームも基本的には各連盟で推薦された選手によって構成されている。ただ、高校生や大学生以上に変化が激しい年代であり、また勝利と育成を両立させるということは簡単ではない。だからこそ実際に現場に足を運び、自らの目で全国レベルの選手やチームを見ることは重要と言えそうだ。そして、そんな視察を義務感というよりも楽しんで行えるのも井端の強みと言えるだろう。

井端「もちろんプロ野球もチェックはしますけど、解説の仕事は24年はお休みさせてもらいましたから、その分時間もできると思います。これまでは、どうしても直接見られる試合となると、コーチをしている社会人とオープン戦で対戦する大学生が多かったですけど、今年は高校生や中学生も時間の許す限り見に行きたいと思っています。中学生に関しては、自分が最初にU-12の侍ジャパンで見ていた選手たちで、当時、早生まれの中学1年生だった選手も今年は3年生になっているので、どれだけ成長しているかというのを見るのも楽しみですよね。高校と大学の侍ジャパン臨時コーチも機会があればやらせてもらえればと思っていますし、そうやって継続して各年代を見ていくことが大事かなと」

昨年12月末に行われた『12球団ジュニアトーナメント』は、自身の長男がDeNAベイスターズジュニアとして出場しており、自らが監督として指導したU-12侍ジャパンのメンバーも出場していたということもあるが、それ以外の試合でも寒い中スタンドから視線を送っていた。また野球を見れば、プレーをしている選手が気になるというのが井端の性(さが)でもあるのか、「あそこのショート、いい動きしてますね」などという声も聞かれるなど、常に鋭い目線をグラウンドに向けていた。U-12侍ジャパンの監督を務めていたということもあるが、ここまで真剣に小学生の野球を見るトップチームの監督の姿というのは、今までにはなかったことだろう。24年は甲子園などの全国大会はもちろん、高校野球の地方大会や中学野球の大会で、トップチームの監督である井端が突然現れる、そんなシーンが増えるのかもしれない。

第六章　日本野球への提言

プロ・アマによる長い断絶

これまでの章で触れてきた通り、井端は侍ジャパンのトップチームの監督を務めながらあらゆるカテゴリーの野球にかかわっているが、実はこれはプロ野球ＯＢの誰もができることではない。選手に限らず、１度ＮＰＢおよび、国内の独立リーグに所属した人間（球団職員など、監督、コーチ、選手以外も含む）が、日本学生野球協会が管轄している日本高等学校野球連盟（日本高野連）、全日本大学野球連盟に所属しているチームの選手を指導しようとすると、『学生野球資格回復制度』という研修会を受講する必要が課せられているのだ。井端も巨人のコーチを退任した２０１８年12月にこの研修会を受講している。簡単に言えば、独立リーグを含む〝プロ野球〟に１度でも所属すると、高校生と大学生を指導する資格を自動的に失い、それを回復する手続きが必要だということである。

プロとアマチュアがこのように断絶するきっかけとなったのは、ドラフト会議制度が制定される前の自由競争時代に、プロ球団によるスカウト活動が過熱したことである。１９６０年以前は、プロ球団は、３月１日から10月31日までは社会人野球の選手を引き抜くことができないという協定が結ばれていたが、61年にそのルール変更で揉めたことを発端に協定が破棄されると、同年4月に中日が日本生命の柳川福三を引き抜くという事件が起こる。また中日はこの直後にも夏の甲子園敗退直後で、まだ退部届を提出していない大分県立高田高校の門岡信行とも接触したことが発覚して問題となった。この二つの出来事は『柳川事件』『門岡事件』と言われ、今でもプロ、アマ断絶のきっかけとして語り継がれている。さらにこの年の夏には、当時、関西大の2年生だった村瀬広基が退学し、突如巨人に入団するということもあった。このような事態を重く見た社会人野球協会と日本学生野球協会が、プロ野球関係者のアマチュア選手への指導、接触を禁じることになったのである。

現在ではドラフト会議で指名を受けると入団を拒否するケースというのは稀だが、ドラフト制度が導入された65年以降しばらくは、プロ入りすると2度とアマチュア野球にかかわることができなくなるという事情もあって、入団しないという選択をする選手も非常に多かった。第一章の野球の日本代表チームの成り立ちにおいてもプロ、アマの間にある問題を触れたが、その歴史は日本の野球界を語る上で避けては通れない問題となっている。73年に社会人野球では元プロ野球関係者の臨時コーチ、大学野球ではその関係者の母校に限って臨時コーチが認められることとなったが、高校野球に関しては一切の接触を禁じる状態がそれ以降も続いた。

ようやくプロとアマチュアの間の関係性が改善したのは84年で、元プロ野球関係者であっても、教員として10年間勤務すれば野球部の指導に就けることが決定。東映フライヤーズ（現・日本ハム）で3年間プレー経験のある後原富（せどはらひろし）が、この事例の最初の対象者となり、瀬戸内高校で監督を務め、91年春と2000年夏には甲子園にも出場した。ただこの10年間勤務という条件は、後原が当時の日本高野連の会長だった牧野直隆に直談判してできたものと言われており、その行動がなかったらプロ野球と高校野球の断絶はさらに長引いていた可能性もあるだろう。

　1994年には、高校野球を指導できるための教員としての勤務期間が10年から5年、97年にはさらに2年に短縮。しかし、93年にドラフトの逆指名制度が設けられると、大学生と社会人に対する獲得競争が激化し、自由競争時代と同様の問題が起こるようになる。2004年には、明治大4年生だった一場靖弘（元・楽天、ヤクルト）に対して栄養費という名目で金銭を渡していた裏金問題が発覚し、巨人、横浜、阪神の球団オーナーが辞任する騒動に発展。また07年には、西武が2人のアマチュア選手に対して裏金を渡し、のべ170人ものアマチュア野球関係者にも、選手入団の謝礼などの名目で金銭をばらまいていたことが判明し、野球界全体を巻き込む大騒動となった。この問題を受けて、裏金を受け取っていた選手の1人が所属していた専大北上高校の野球部は、高野連を除名処分にもなっている（野球部は一時解散したものの、その後復帰を果たしている）。07年からは再びドラフトにおける自由獲得枠はなくなり、裏金問題が起こる土壌はようやく解消されたが、こういった騒動もあってなかなかプロとアマチュアの間の距離が縮まることはなかったのだ。

井端の亜細亜大時代の同級生で、これまでも度々本書に登場しているNTT東日本の前監督である飯塚智広は、2000年に初めてプロ・アマ合同チームで参加したシドニーオリンピックに出場しているが、その時もプロとアマチュアの間の壁を感じたという。

飯塚「今でも覚えているんですけど、オリンピックの代表選手に選ばれた時に、『試合に出ることはないと思うけど頑張ってくれ』と言われたんですね。だから両親もシドニーには呼ばなかったんですよ。蓋(ふた)を開けてみたらスタメンで使われたので、後から呼べば良かったなと思いましたね。でも基本的にはプロのメンバーで戦うからという雰囲気は最初かなり感じましたし、壁は確実にあったと思います。個人的な感想としては、子ども扱いされているような気がしました。プロの選手がいるからということで選手村じゃなくてホテルに宿泊したんですけど、そこの食事がひどくて、これは良くないという話になって、中村紀洋さん（当時・近鉄）とかが自腹を切ってくれて、食材を買ってきて一緒に鍋料理を作って食べたんですけど、それでちょっと距離が縮まったのを覚えています」

結局、シドニーオリンピックは4位という結果に終わったが、こういったプロとアマチュアの間にあった壁のようなものも影響していたのではないだろうか。また主要大会ではなかったものの、翌01年にも日本代表はプロ・アマ合同チームで、第34回IBAFワールドカップに出場しており、当時プロ4年目だった井端も代表メンバーに選ばれている。この時、高校生から日南学園の3年生だった寺原隼人（元・ダイエーなど）が選ばれて大きな話題となったが、井端も当時を振り返ると、「寺原に対してはドラフト会議前ということもあって、プロ側の選手はみんな腫れ物に触るような扱いだった」と話していた。飯塚の例も井端の例も、当時のプロとアマチュアの関係性を象徴していると言える。

ようやく、プロとアマチュアの間の距離が縮まり始めたのは2010年代になってからだ。13年にそれまで設けられていた、高校野球の指導者になるために必要だった教員としての勤務歴による規定が撤廃され、現在のように3日間の資格回復講習のみで指導することが可能になったのだ。近年では、NPBや独立リーグでプレー経験のある学生野球指導者も増えており、21年夏の甲子園では中谷仁（じん）（元・阪神など）が監督を務める智辯和歌山が優勝を果たしている。

しかし、だからと言って、プロとアマチュアの間にある問題がすべてクリアになったわけではない。井端も巨人のコーチを退任してアマチュアの指導資格を回復した直後は、いろいろと感じるところがあったという。

井端「巨人のコーチを辞めて、割とすぐ社会人野球のコーチはやらせてもらったんですけど、大学と高校に関しては、何かちょっと足を踏み入れていいのかなという遠慮はありましたよね。勝手に自分がそう感じていただけかなとも思ったんですけど、引退した他の選手に聞いてもそういうところはあると聞きます。ただ自分は別に嫌われてもいいやって思って、どんどん自分から行くようにしてだいぶ慣れてきたというのはありますけど、学生野球に関しては今あるものを守ろうとし過ぎているような気はしますね。プロの選手たちも元々は学生野球の世界にいたわけですから。そこに戻ろうと思った時に壁を感じてしまうというのはちょっと残念ですよね。昔は過剰なスカウトとか、逆指名の頃は裏金問題とかいろいろあったと思うんですけど、今はルールも変わってクリーンになってきているじゃないですか。プロ側が誘ったとしてもその球団に入れるわけではありませんから。だから、本来は元プロの選手も現役の選手も、自分が育ったチームにいつでも気兼ねなく行くことができて、現役の学生選手とも接することができるというのがいいのかなと思いますし、そう感じている人も多いはずですよね」

現役のプロ野球選手が、オフの期間に母校の高校でトレーニングを行うという光景が報道されることもあるが、その場合は学生との接触は原則禁止であり、また学校側が都道府県の高野連に届出をする必要があるという。井端の大学の後輩である赤星憲広が現役を引退したのは09年で、井端が巨人を退団した時と比べても、さらに元プロ野球選手が学生野球の現場に足を踏み入れることへの難しさを感じたそうだ。

赤星「僕が引退した時は、アマチュアの資格回復にまだ教員としての経験が必要だったんですね。だから母校である大府高校を訪れる際は、現役の選手に指導をしているという誤解を招いてはいけないということで、常にスーツを着て行っていました。僕はありがたいことに、引退して間もない時から高校野球の番組でナビゲーターもやらせてもらえたので、取材も比較的しやすかったですけど、そういうことがなければ学生野球にも簡単にかかわれなかったかもしれません。最近では資格回復は簡単になってきていますが、それでもプロとアマチュア、特に学生野球の間にはまだまだ壁があると思いますね」

赤星は15年12月に講習を受け、16年2月に資格を回復しており、晴れて学生を指導できる立場になったが、何か問題が起こった時に日本高野連から処分を受けるのは学生側であり、そのこともあって元プロ野球の関係者が気を遣っていることがよく分かる事例と言えるだろう。

これまでの話を聞くと、アマチュア野球側が元プロ野球関係者を遠ざけているように感じるかもしれないが、現場レベルでは決してそういうわけではない。飯塚もプロ野球出身の指導者がもっとアマチュアの指導にかかわるべきだということを話しており、社会人や大学のチームでは常駐とまではいかなくても、井端と同じように元プロ野球ＯＢに臨時コーチという形でかかわることを望んでいるアマチュアの指導者も多い。また23年、井端が8月にU-18侍ジャパンの臨時コーチを務めた際にはこんなことがあったという。

井端「U-12のワールドカップが終わって台湾から帰ってきた時の会見で、『WBCで優勝したトップチームのように、小技だけでなく打ち勝つ野球をイメージして戦ったということと、年代が変わっても侍ジャパンとしての戦い方は一本化できるといい』という話をしました。そうしたら一部のメディアが、U-18の侍ジャパンで佐々木（麟太郎・当時花巻東）や真鍋（慧・当時広陵）といったホームランバッターが選ばれていなかったのと絡めて、選手選考についての批判みたいな書かれ方をしたんですね。それを見た方から、『（U-18侍ジャパンの）馬淵監督に謝った方がいいですよ』と言われました。でも4月にも臨時コーチで行っていましたし、もちろん馬淵監督に文句を言いたいわけではなくて、そう切り取られただけです。でも気を悪くされたらと思って、8月の臨時コーチの時も『すみません』と言ったんですけど、馬淵監督からは『何を言っとるんや。そんなことを気にするわけないやろ』と笑っていました。高校野球で長く監督をされていて、実績も残している方ですし、臨時コーチの件もぜひ来てほしいということを言ってくれて、そういう意味では現場はそんなにプロとかアマチュアとかを気にしていないのかもしれませんね」

この件に関しては、一部を切り取って伝えたマスコミ側に問題があったことは確かだが、世の中的にもまだまだプロとアマチュアの間には、あらゆる点で壁があるという風潮が根強く残っていることは確かだろう。

未来に向けての明るい材料

競技人口の減少やプロ・アマの壁など、野球界をとりまく環境はまだまだ課題が多いことは確かだが、侍ジャパンのトップチームや日本人メジャー・リーガーの活躍以外にも明るい材料も確かに存在している。その一つがファーム球団の拡大だ。全国への野球振興を目的にＮＰＢでは２０２２年から検討が進められ、公募の結果、静岡を本拠地とする「くふうハヤテベンチャーズ静岡」と、「オイシックス新潟アルビレックスＢＣ（ベースボールクラブ）」の２球団が、24年シーズンから参入することが正式に決定。ファームとはいえ、ＮＰＢの球団数が増加となるのは実に65年ぶりのことである。井端もこの決定は日本の野球界にとっても大きなプラスではないかと話す。

井端「二軍ですけど球団が増えるというのは凄くいいことですよね。特にこの２球団は基本的にこれからプロを目指す若い選手が多いわけじゃないですか。アマチュア選手にとっては選択肢が増えるということですから。それに二軍とはいえ常にプロの選手と試合ができるのも大きいですよね。既存の12球団の二軍も若手が中心ですけど、主力やベテランの選手が調整で出てくることもありますから。そういうトップの選手と直接対戦できるというのは、選手がアピールする場としても大きいと思います。だいぶ前から独立リーグがそういう立ち位置でしたけど、レベルも上がっていますよね。独立リーグでは23年、ＢＣリーグの新潟（今年からＮＰＢのファームに参入）が主催する試合も観に行きました。一応事前に行くことを連絡しておいたら、『せっかく来るならコーチもしてください』と言われたので、ちょっと練習から見させてもらって、始球式までやりました（笑）。ショートの伊藤（琉偉・23年ヤクルト5位）が評判で、ドラフトでも指名されましたけどいいものを持っていますよね。あとアンダースローの下川（隼佑）もかなり低い位置でリリースして、それなのにスピードもあって面白いと思いました。独立リーグで良くなる選手も多いわけですから、ファームの新球団から、高校や大学で埋もれていた選手が出てくることも増えそうですね」

アマチュアではないものの、日本国内の独立リーグは05年にスタートした四国アイランドリーグを皮切りに多くのリーグが誕生し、現在5つのリーグが『日本独立リーグ野球機構』に加盟している。昨年は、独立リーグから史上最多となる23人（支配下6人・育成17人）がNPBのドラフト指名を受けるなど、人材供給源として一大勢力になっているのだ。その中で、長くルートインBCリーグに所属していた新潟球団が、NPBのファームに参入するというのは新たな流れを感じさせるものである。NPBは一軍の球団を増やすことについてはまだ検討もしていないということを表明しているものの、サッカーのJリーグが60チーム（J1は20チーム）、バスケットボールのBリーグが56チーム（B1は24チーム）もの数があることを考えると、長年続いてきた12球団からの増加についても今後視野に入ってくることを期待したい。

アマチュア野球で最も影響力の大きい高校野球でも、さまざまな改革が行われている。18年の夏の甲子園で、金足農業の吉田輝星（現・オリックス）が、6試合で881球を投じ、決勝戦ではその疲労から本来の投球ができなかったことに対して、さまざまな関係者から議論が勃発。20年春からはかなり緩やかなルールではあるものの、1週間に1人の投手が投げられる球数が500球までという球数制限が導入された。さらに選手への負担軽減のために、延長10回からのタイブレーク方式や、雨天で試合が中断となった時に、その時点からリスタートする継続試合なども導入されている。そしてこの春（24年）からは選手の安全面に考慮して、反発力を抑えた新基準の金属バットが使用されることになり、禁止されていた投手の二段モーションも認められることとなったのだ。

23年夏の甲子園では、慶應が実に107年ぶりとなる優勝を果たし、丸刈りではない髪型や終始笑顔でプレーする様子も大きな話題となった。チームを指揮する森林貴彦監督も、現在の高校野球のあり方に一石を投じている指導者であり、大会中の囲み取材では改善案としてこんな話をしてくれた。

森林「せっかくこうやって全国から素晴らしいチームが集まっているわけですから、何日も待たされて1試合だけやって帰るというのはもったいないですよね。だったら初戦で負けたチームが別の球場を借りて、〝裏甲子園〟みたいな形で何試合か交流試合をするとか、そういう試みがあった方が選手の将来にとってもいいのかなと思ったりします」

少し古い話にはなるが、高校サッカーの全国大会を視察したサッカー日本代表のイビチャ・オシム監督（当時）も、各地区の予選を勝ち抜いてきたチームが、敗れると1試合だけで帰ってしまうというシステムに疑問を投げかけていたという。サッカーの場合は高校に所属しているチームと、Jリーグの下部組織のチームが日常的にリーグ戦を行う形ができているためまだ救われている部分はあるが、高校野球の場合は森林やオシムの指摘通り、せっかく力のあるチームが集まっても勝ち進めないチームは試合をする機会が少なく、また選手同士の交流も、開会式とそのリハーサルの場くらいしかない。最近はそういうシステムに疑問を抱いた指導者の間で有志によるリーグ戦も行われており、慶應もそれに参加しているが、高野連からはあくまで練習試合の形式を逸脱しないようにという指導もあったという。しかし本来であれば、そういった交流はもっと盛んになるべきであり、制限をかける方向ばかりに話が進むのは残念な状況と言えるだろう。

ただ慶應は、23年6月に行った東北と弘前学院聖愛とによる3校での練習試合では、ポジション別に各校の選手が交流する機会を設け、またチーム間でメンバーをシャッフルして行う『ミックスゲーム』も取り入れたという。これは22年8月から東北で指揮を執っている佐藤洋監督の呼びかけによるものであり、普段異なる環境でプレーしている選手同士の交流によって生まれるプラス効果は非常に大きいという。ちなみに佐藤監督は１９８５年から10年間、巨人でプレーした経験を持つ元プロの指導者であり、引退後は少年野球の指導にかかわったことでこのような発想が出てきたという。このような取り組みに賛同して、積極的にかかわっている慶應が甲子園で優勝を果たしたということも、高校野球界に新たな風を吹き込むことになりそうだ。

また井端が深くかかわってきた社会人野球でも新たな動きが見られている。２０２３年9月12日、日産自動車が活動休止中だった硬式野球部を25年に復活させることを発表したのだ。日産自動車は１９５９年に創部し、都市対抗野球2回、日本選手権1回の優勝を誇る強豪チームで、侍ジャパンのトップチームで内野守備・走塁コーチを務めている梵英心（元・広島、現・オリックス内野守備・走塁コーチ）など、多くの選手をＮＰＢに輩出している。しかし08年に起こったリーマン・ショックの影響などで業績が悪化した影響を受けて、09年限りで休部となっていたのだ。また同じ時期に休部となった日産自動車九州についても、当時の部員が中心となって発足したクラブチームの苅田ビクトリーズが活動を続けていたこともあり、そのスタッフを引き継ぐ形で24年からの復活が決まった。企業チームが休部や廃部となってから復活する事例は非常に珍しいが、05年に廃部となっていたミキハウスも19年に復活し、21年から2年連続で都市対抗野球にも出場するなど力をつけている。また24年2月には、パチンコを中心に総合エンターテイメント事業を展開するマルハンが、25年からの公式戦参入を目指して硬式野球部の発足を発表。初代監督にはヤクルトで投手として活躍し、引退後は楽天で投手コーチも務めた館山昌平が就任することになった。社会人野球の企業チームは1990年代から減少していたが、このように復活するチームや新規参入するチームが出てきたことは、日本の野球界全体にとっても明るい材料であることは間違いない。

NPB、独立リーグ、社会人などのチームが増えることになると、懸念される声としてよく聞かれるのが、選手の増加によるレベルの低下だ。2004年に近鉄がオリックスと合併して起こった球界再編問題の時にも、12球団から10球団に減らして1リーグ制とし、より高いレベルで野球をした方が人気が出るのではないかという意見もあった。しかしチームが増えることについてのレベルの低下は、気にする必要はないのではないかと井端は話す。

井端「05年に楽天が新規参入した時は1年目は確かにダントツの最下位でしたけど、しばらくしたら他の球団と変わらなくなったわけじゃないですか。もし一軍も球団が増えたとしたら、最初はそれまで二軍やアマチュアだった選手が多く一軍でプレーすることになるので、一時的にレベルは下がったように見えるかもしれませんけど、その中から大きく成長する選手も出てくると思うんですよね。だから例えば2球団増やすということになっても、数年経ったら以前と変わらないレベルになると思いますね。プロで埋もれていた選手が出てくることにも繋がるし、社会人や独立リーグから引き上げられる選手も当然出てくるはずです。社会人でもプロとそんなに実力が変わらない選手もいますから」

井端の話にもあるように楽天が参入した時は、合併したオリックスと近鉄の2球団から戦力外になった選手が中心だったが、その中から井端とも中日でともにプレーしていた山崎武司が鮮やかに復活し、球団創設3年目の07年にはホームラン王にも輝いている。また05年オフに中日から金銭トレードで移籍した鉄平も楽天でレギュラーとなり、09年には首位打者のタイトルを獲得した。この2人は楽天という新規参入球団がなければ、そのまま埋もれて引退していた可能性は高いだろう。

また当時の楽天は、即戦力となる選手が必要だったこともあって、ドラフト会議でも社会人の選手を積極的に指名している。06年の大学生・社会人ドラフト8巡目で指名した草野大輔は当時28歳（その年の12月には29歳）、06年の大学生・社会人ドラフト5巡目で指名した渡辺直人は当時26歳という年齢だったが、ともに早くからチームを支える存在となった。彼らも新規参入する球団によって引き上げられた選手であり、ＮＰＢの一軍で球団が増えることになればこのような例も増えるはずだ。

井端の考えるプロ・アマ交流案

ＮＰＢが現在のセ・リーグ、パ・リーグ６球団ずつの合計12球団という形になったのは１９５８年であり、60年以上続いているだけに、これをいきなり増やすというのは簡単なことではない。国内の独立リーグで球団数の拡大、縮小を繰り返しているということを考えると、新規参入に慎重になるというのも無理はないだろう。

しかし、四国アイランドリーグとＢＣリーグについては球団数の増減はありながらも、発足から15年以上が経過しており、レベル的にも認知度的にも一定の地位を得たと考えられる。そしてその大きな要因の一つが、ＮＰＢとの交流を積極的に行ってきたということではないだろうか。これまでもＮＰＢ球団から独立リーグにコーチを派遣している例は多く、阪神などは球団本部に独立リーグ、担当部署を新たに設置して連携強化を図っている。

そしてＮＰＢ、独立リーグ、双方にとって最もプラスになっているのは交流戦だ。四国アイランドリーグと、21年にスタートした九州アジアリーグは、ソフトバンクの三軍、四軍との交流戦を公式戦に組み込んでいる。またＢＣリーグも同様に、公式戦としてカウントするＮＰＢ球団との交流戦を積極的に行い、24年も7球団合計で56試合を行うことを発表している。独立リーグ側からすると選手のＮＰＢ入りへのアピールの場として非常に大きな機会となり、また集客面を考えてもプラス面が大きい。一方のＮＰＢ球団側からしても、独立リーグの選手を効率的にスカウティングすることが可能となり、またソフトバンクや巨人のように、三軍以下に多く抱えている選手の実戦の場としても貴重である。

一方のアマチュア球界も、社会人、大学生のチームが、ＮＰＢのファーム球団とプロ・アマ交流戦を行う機会は増えており、特にドラフト候補の選手を抱えているようなチームには、ＮＰＢ側が積極的に試合を申し込んでいるという。このようなプロとアマチュアが交流する機会の増加は非常に喜ばしいことであるが、井端の口からはそれを加速するためのある案が聞かれた。

井端「シドニー五輪をプロとアマチュアの合同チームで臨むことになって、その一環ということでプロのキャンプに、候補となるアマチュアの選手が参加したことがありました。

当時は自分も若手で、参加しているアマチュアの選手のことを気にしている余裕はなかったんですけど、参加した選手に後から聞いたらすごくテンションが上がって、チームに戻ってからも取り組みが変わったと話していたんですね。プロ・アマ交流戦みたいに試合をするのももちろんいいことですけど、キャンプみたいな時に一緒に練習することで気がつくことも多いと思います。逆にプロの若手にとっては尻に火が付くじゃないですけど、力のあるアマチュア選手がいることを知って、危機感を持つようになりますよね。あのアマチュア選手のプロキャンプ参加はぜひ復活させてもらいたいですね」

シドニー五輪前にプロのキャンプに派遣されたアマチュア選手の中には、井端の亜細亜大の後輩である赤星憲広も含まれており、そこで守備と走塁については手応えを得たと話していた。また今年から巨人の監督に就任した阿部慎之助も、大学時代に日本ハムのキャンプに参加して、当時エースだった岩本勉からホームランを放って評価を大きく上げたという。サッカーのJリーグではユース、ジュニアユースなど年代別の下部組織を持つことが義務付けられているが、力のある選手がトップチームや上の年代のチームに飛び級という形で参加するケースも一般的になっている。第五章では、早生まれなど「生まれ月」が遅い選手は体の成長も遅いため、有能感や達成感を感じられるようにして競技を継続してもらうことが重要だと触れたが、逆にそのカテゴリーの中でトップの選手はどんどん上のカテゴリーに参加してさらなるレベルアップを図ることも必要だろう。

井端が、24年3月の欧州代表戦で4人の大学生を招集したことはそういった狙いも当然含まれているが、現在の野球界の仕組みではそれも決して簡単なことではなかったという。まず侍ジャパンを統括する日本野球協議会から全日本大学野球連盟にその旨を申請し、理事会の承認を得たうえで、該当する選手のチームが所属している各連盟に確認をとる必要があるというのだ。また井端が、大学日本代表やU-18侍ジャパンの強化合宿で臨時コーチを務めた際も、全日本大学野球連盟、日本高野連の承認が個別に必要だったという。このようにカテゴリーごとに統括している組織が異なっていることも、プロとアマチュアの交流を難しくしている理由の一つであることは間違いないだろう。

井端からは、アマチュア選手のプロ野球キャンプ参加という案が出たが、アマチュア野球の中でのカテゴリーを超えた交流ももっと行うべきではないだろうか。社会人と大学生は頻繁にオープン戦を行っているが、これが高校生となるとほとんど行われていない。その理由としてはレベルの差があるということもあるが、それ以上に各都道府県の高野連への届出が必要だという手続き上の面が大きいという。しかし、高校卒業後に大学で野球を続けようと思っている選手が、どんな大学なのか、どの程度のレベルなのかを知るという意味でも大学生と試合をするメリットは大きいはずだ。また大学の野球部の場合、高校以上に部員数が多いチームが大半であり、中には２００人を超える大所帯というところもある。そういう大学の控え部員の実戦の場としても、高校生と試合をすることは有効だと言えるだろう。

高校野球が他のカテゴリーとの交流で、もう一つ問題が多い点として挙げられるのが中学生との交流だ。高校野球の世界では、中学生を過剰に勧誘する行為について厳しく禁じており、選手が所属している中学校の校長の承認がなければ、高校の関係者が接触することはできない。高校側が行っている部活動公開などに中学生が参加することはできるが、21年には山形中央高校で、野球部の監督が中学生に甲子園出場記念のバッジをプレゼントしたことが勧誘行為とみなされ、監督は2年間の謹慎処分となっている。過剰な勧誘行為はもちろん問題があるが、山形中央のケースは県立高校であり、私立高校のような特待生制度はなく、一般の学生と同じように入学試験を受けなければ入学することはできない。それを考えると、記念品を渡しただけで2年間の謹慎処分は重過ぎるという声も多く、当時大きな話題となった。

実はこのように勧誘行為と見なされて、高校の指導者が処分を受けるケースはこれまでも非常に多く、現場ではそうなることを防ぐために、中学生との接触を極力避けているという声も聞かれる。しかし中学生側にとってみれば、どんな学校かを知るうえで見学や練習に参加するなどした方が理解も深まるはずだ。選抜高校野球では、大会の成績以外も評価されて出場することができる『二十一世紀枠』というルールがあり、近年は高校の野球部員が小学生や未就学児に対して野球教室を行っていることを、野球の普及活動に貢献しているとして評価されることも多い。しかし、より身近な存在である中学生に対しては、「勧誘行為の禁止」に抵触するとして、積極的に動けないというのは何ともおかしな話である。

もう一つ、プロとアマチュアチームを横断してぜひ行ってもらいたい試みとしては、カテゴリーを超えての大会の開催である。サッカーの天皇杯は、国内トップカテゴリーのJ1からアマチュア全てのカテゴリーが参加して行われており、アマチュアの企業チームや大学生がJリーグのクラブを相手に金星を挙げるケースもある。そして選手にとってはそこでの活躍をきっかけにプロへの道が開けるということもあるのだ。

野球では1991年から7年間、社会人の日本選手権優勝チームと、大学の全日本大学野球選手権優勝チームが対戦してアマチュア野球の日本一を決める『全日本アマチュア野球王座決定戦』という大会が行われていたが、日程調整の難しさなどから廃止となっている。しかし、こういったカテゴリーを超えた対戦は選手が自信を持つきっかけにもなり、次のカテゴリーの野球を知るという意味でも開催する意義は大きいのではないだろうか。

もちろん大学生、高校生はレベルの差が大きいため、ある程度上位に進出したチームに絞る必要はあるが、勝ち進めばプロと対戦できるというのは大きなモチベーションにもなるはずだ。

ちなみに「天皇杯」が授与されるのは原則一つの競技につき一大会と定められており、サッカーは前述したようにプロ、アマチュアを超えて日本一となったチームに授与されているが、硬式野球の場合はその歴史的な長さから東京六大学野球の優勝チームが受け取ることになっている。日本の野球の歴史を考えると、東京六大学野球が果たしてきた役割はもちろん大きいが、これだけ国民的なスポーツになったことを考えると、特定の大学野球連盟が天皇杯を授与されているというのは時代に合っていないようにも感じられる。特定のカテゴリー、特定の連盟だけを考えるのではなく、野球界全体を通した交流が増えていくようなきっかけ作りが行われていくことを望みたい。

井端の語る侍ジャパンの重要性

改めて日本国内の野球界の組織をまとめると、プロ野球は「NPB」、社会人野球は「日本野球連盟」、大学野球は「全日本大学野球連盟」、高校野球は「日本高等学校野球連盟」

が統括しており、加えて2014年には国内の独立リーグを管轄する「日本独立リーグ野球機構」も設立されている。これらを全て束ねる組織がないことが、日本の野球界における大きな問題点の根源であることは古くから言われていることだが、日本の野球は学生野球がそのスタートであり、高校野球と東京六大学野球の影響力の大きさや、プロとアマチュアの長きにわたる断絶を考えると、まだまだこの問題が解決するには時間がかかるだろう。しかしそんな状況だからこそ、侍ジャパンという存在が極めて重要ではないかと井端は話す。

井端「管轄している組織は違いますけど、侍ジャパンという名前で代表チームを統一して、同じユニホームで戦っているという意義は大きいと思いますね。自分たちがプロに入った時はまだ代表チームはアマチュアのものという意識でしたし。プロとアマチュアの混成チームとかいろいろあって自分も呼んでもらった試合もありましたけど、そこに対する強いモチベーションみたいなのは正直なかったですね。WBCも最初は盛り上がるかどうか分かりませんでしたし、最初の2回は自分も選ばれていなかったので、『こんなルールなのか』とか、普通に野球ファンとして応援していました。3回目（13年）のWBCには選ばれましたけど、年齢的にもベテランでしたし（当時37歳）、まさかあんなにスタメンで試合に出ることになるとは思っていませんでした（6試合に出場して打率5割5分6厘で指名打者としてベストナインも受賞）。自分も若い時から代表チームというのを経験させてもらったのが、結果に繋がったのかなと今となっては思いますね。そんな自分の若い時と比べると、今はどの年代も代表チームを意識してプレーしている選手が増えていると思いますし、それは凄くいいことですよね。ただ1回選ばれて満足しているようじゃダメだというのは選手に対しては言っていますし、常に代表に呼ばれる選手というのを目指してもらいたいですよね。最近のトップチームには、高校時代や大学時代に、その年代の侍ジャパンに選ばれたことのある選手も増えています。やっぱりそういう選手はトップチームに呼ばれた時にもすんなりチームに入りやすいですよね。それで、WBCとかオリンピックに出て活躍できれば自信にもなるし、意識もまた一段階高くなると思います。自分も3回目のWBCに出られたことで、いろいろと変わったところもありましたからね。レギュラーじゃないだろうなと思ってスタートしたという意味では、中日に入ったばかりの若い頃にも通じますし、そこから自分の役割を果たして結果も残せたので、いろんな立場で呼ばれる選手の感覚も分かります。だからこれはトップチームだけではなくて、U-12やU-15でもそうなんですけど、選ばれた選手には何かしらをつかんで自分のチームに帰ってもらいたいというのはありますね。どの世代も大会があれば勝つことを目指してやるんですけど、代表チームは選手にとって常にプラスになる場でないといけないと思いますし、選ばれた選手がもう2度と侍ジャパンなんかに選ばれたくないと思われるようなことはしないようにしたいと思います。トップチームの若い選手や、下の年代の選手は特にそうですよね。トップチームで選手もコーチも監督もやらせてもらった自分が、下の年代にいろいろと顔を出しているのは、そういうことを伝える必要があるからだと思っています。侍ジャパンが、プロから子どもの年代を繋ぐという意味でも、重要な役割だということはこれからも意識したいと思います」

筆者も高校生や大学生の選手を取材していると、以前は「プロ野球選手になる」「長く野球を続ける」という目標しか聞かれなかったが、最近では、侍ジャパンとしてWBCに出たいと話す選手や、そのためにまず年代別の代表チームに選ばれたいという言葉が聞かれることも確実に増えてきている。また、1度代表チームに選ばれると、そこでの繋がりができ、その後の人脈の広がりや意識の高まりにも繋がっていると言える。そういう意味でも井端の話すように、侍ジャパンが常に選手が目指す存在であり、選手にとって刺激となる場であり続けるということは非常に重要だと言えそうだ。

井端が話す世界基準で見た日本野球

日本の野球界の問題点や日本野球への提言といった話になると、避けては通ることができないのがアメリカなど海外の野球の存在ではないだろうか。このオフにもダルビッシュ有（パドレス）がスポーツ紙のインタビューで、「よく勉強している日本のコーチもいる」と前置きしたうえで、「アメリカと比べて一部の日本のコーチたちは勉強不足」とコメントしたことも大きな話題となった。ソフトバンクで長年投手コーチを務め、チームの黄金時代を支えた指導者の1人でもある倉野信次コーチ（24年から復帰）も、22年から2年間、テキサス・レンジャーズ傘下のマイナー・リーグへコーチ留学し、日本に比べて進んでいる部分が多くて驚かされたという。プロ野球のキャンプの時期になると、選手が行っている練習に対してSNS上で「意味があるのか」と議論になることも少なくない。すべてアメリカ、メジャー・リーグの真似をすればもちろんいいというわけではないが、こういった指導の面でも、日本の野球界が抱えている問題があることは間違いないだろう。そんな海外と比べた時の日本の現状についても井端に聞いてみた。

井端「メジャーとかはもちろんですけど、海外のアマチュアや少年野球がどんな感じかというのは興味がありますね。軟式のボールって日本で生まれたもので、一時は韓国や台湾も使っていたみたいですけど、今は日本だけなんじゃないですかね。早い頃から硬式でやっていていい部分もありますけど、身体的な特性や文化の面もありますよね。体がまだできていない子どものうちからガンガン硬式でやっていたら、ひじや肩を痛める子どもが増えると思います。それに場所の問題もありますよね。子どもがやる野球のグラウンドでも、硬式は禁止みたいなところも多いじゃないですか。そういう中で独自に軟式野球が日本で発展してきたのはいいことだと思います。あとU-12のワールドカップの時にいろんな国のチームとも対戦しましたけど、それも面白かったですね。日本は規律が厳しいみたいなことをよく言われますけど、子どもの年代でも、韓国や台湾の方がもっとビシビシやっているように見えました。子どものうちにそういう厳しい野球を叩き込んでおいた方が結果を出しやすいというのもありますし、実際この二つのチームは強いですよね。アメリカは、もうこの年代でも、映像とかデータとかを参考にしながらやっているんだなというのは凄く感じました。意外だったのはドミニカとか中南米のチームで、もっと自由にのびのびやっているのかと思ったら、アメリカと同じでデータとかを結構重視しているんですよね。打球速度とか角度とかを話しながらやっていました。メジャーのアカデミーとかがあって、早いうちからそういうところに入っている子たちが選ばれてきているからなのかもしれないですけど、ちょっとイメージが変わりましたね。礼儀とかもしっかり教育されているのか、挨拶もしっかりしていました。ただ、大会後の閉会式とかでは凄いノリで騒いだりしていて、グラウンドから出ればそうなんだなとは思いましたけど（笑）。日本は監督の自分がそんなに厳しい感じではやっていなかったので、韓国や台湾みたいなことはなかったですけど、ワイワイやりながらも締めるところは締められるというのはありましたね。あと勝ち負けで、そこまで一喜一憂せずにできるというのは、日本のこの年代特有のものだなと感じました。アメリカとかは負けるともうチーム全体が落ち込んでいるなというのがこちらにも分かりましたし、日本は負けても割とすぐに切り替えられるし、勝ってもそこまで有頂天になるようなこともない。そういうのは日本の教育とか国民性みたいなところからもくる強みじゃないでしょうか」

振り返ってみると、第1回WBCでも日本代表は第2ラウンドでアメリカと韓国に敗れる苦しい展開となりながらも、敗れた試合はいずれも1点差のロースコアだったことが奏功して準決勝に進出し、優勝にも繋がっている。このあたりは井端の話す日本の強みと重なる部分と言えるだろう。また日本の野球そのものの強さにおいても井端はこう分析する。

井端「ピッチャーに関してはトップチームでもそうですが、どの年代も本当にレベルが高いと思います。特にコントロールのいいピッチャーが多い。23年のWBCでも3月のあの時期で調整も難しかったと思いますけど、その中でも自滅するようなピッチングをする選手はいなかったですよね。データの使い方とかはアメリカが進んでいる部分はあるのかもしれませんが、ピッチャーの育成は他の国に比べても日本は負けていないと思いますね。攻撃面も以前はスモールベースボールということがよく言われていましたけど、東京オリンピックでもWBCでも、大事なところでホームランや長打が出て勝ちましたし、バッターのレベルも上がっていると思います。大谷の存在はもちろん大きいですし、岡本とか村上とかその下の世代の選手も外国人のピッチャー相手に力負けしていません。吉田正尚なんか身長は自分と変わらないですけど（173センチ）、それであれだけ長打力のある選手も出てきました。トップチームの選手があれだけのプレーをすれば、子ども達も当然それを目指すようになります。自分も子どもの頃に吉田みたいな選手が活躍しているのを見ていたら、強打者になっていたかもしれません（笑）。みんながみんなホームランを打つ必要はありませんけど、将来のことを考えたら子どものうちから小技ばっかり叩き込むのはもったいないと思いますし、そういう考え方をする指導者も増えてきています。投手力とか機動力とか伝統的な日本の強さを生かしながら、力勝負ができるような選手を育てていくという指導をどの年代でもやっていくということが重要ではないでしょうか」

大谷以外にも力負けしない打者が出てきているという話だったが、23年のWBC決勝で村上が放ったホームランの打球速度は、この大会で飛び出したホームランの中でも最速となる115・1マイル（185・3キロ）をマークしたという。ちなみに22年のメジャー・リーグで115マイル以上の打球速度のホームランを放った選手はわずか10人しかおらず、村上のパワーが既に世界でもトップクラスであることは間違いない。

また、井端からは日本独自の軟式野球についての話もあったが、それについてもこんなデータがある。23年のNPBで開幕投手を任された日本人投手は11人いたが、中学時代に軟式のチームでプレーしていた選手は7人を数えたのだ。ちなみにそのうちの1人は23年に大ブレイクを果たした山下舜平大（オリックス）である。また23年のWBCに出場したメンバーを見ても戸郷翔征（巨人）、佐々木朗希（ロッテ）、今永昇太（カブス）、宇田川優希（オリックス）、高橋奎二（ヤクルト）と、多くの投手が中学まで軟式野球でプレーしている。硬式よりボールが軽いことから、肩やひじへの負担も少なく、ボールの表面が柔らかいゴムでできていることも指先の感覚を養ううえでプラスという説もある。この日本独自の軟式野球が好投手の輩出に貢献している部分もあるのではないだろうか。また野手に関しては、トップチームの代表メンバーを見ても、中学から硬式でプレーしていた選手の方が圧倒的に多いが、その中で高いミート力に定評がある近藤健介（ソフトバンク）は軟式出身である。さらに言えば硬式のクラブチームが少なかったという時代的な背景もあるが、イチローも中学までは軟式でプレーしており、「硬式のボールを打つよりもミートするのが難しい」と話している。日本独自で発展した〝軟式野球文化〟がプラスに働いた面も確かにあったと言えるだろう。

井端の語る日本野球の未来

このオフは今永昇太以外にも、山本由伸（ドジャース）、松井裕樹（パドレス）、上沢直之（レイズとマイナー契約）が海を渡り、村上宗隆や佐々木朗希も近い将来のメジャー志望を表明している。日本のトップ選手がメジャーに移籍する流れはさらに加速する可能性は高い。トップレベルの選手がメジャーに移籍すると、日本球界の空洞化を危惧する声も多くなるが、そのような懸念についても井端は心配する必要はないと語る。

井端「今の流れを考えればメジャーを目指す選手が出てくるのは当然ですよね。また、個人的には、メジャーで活躍する日本人選手がいないことの方が危機だと思います。世界でもトップレベルでプレーできる選手がいれば、日本の選手も当然そこを目指すようになってレベルアップしようとしますよね。今は、村上とか佐々木朗希とか山下舜平大がそうですけど、近い将来メジャーで活躍するんだろうなという若い選手が出てきたら、日本のプロ野球も盛り上がるじゃないですか。メジャーで活躍する日本人選手が増えれば、日本でプレーしている選手も、どれくらいのレベルになればメジャーを目指せるかみたいな基準も分かりやすくなります。あと選手がメジャーに行けば、当然そこに他の選手が入り込む余地が出てくるわけで、そうやってどんどん新しい選手が出てくることがいい循環になりますよね。メジャーに行く選手が増えるのを嘆くのではなく、いかにメジャーで活躍できるような選手を日本から多く送り出せるかを考える方が、野球界全体のためになると思います」

2023年のメジャーのドラフト会議では、東北高校出身でオレゴン大でプレーしていた西田陸浮（りくう）が、ホワイトソックスの11巡目で指名されている。また歴代最多と言われる高校通算140本塁打を放って、日本のドラフト会議の目玉と見られていた花巻東の佐々木麟太郎もプロ志望届を提出することなくアメリカ留学を選択し、24年2月14日には高等教育機関をさまざまな指標から格付けした世界大学ランキングで2位のスタンフォード大への進学が発表されて、大きな話題となった。また佐々木ほど話題にはならなかったものの、22年にも智辯和歌山で投手としても野手としても高い能力を示していた武元一輝が、ハワイ大へ進学し既に野球部の一員として活躍している。

ＮＰＢもこのような国際化に対応すべく、海外の学校に所属している日本人選手がドラフト指名を受けた場合には、指名球団との交渉期限をそれまでの翌年3月末から7月末へと変更した（社会人野球所属の選手は翌年1月末まで）。この変更により、海外の学校に所属している日本人選手は、ＮＰＢ球団からのドラフト指名を受けていても、メジャーのドラフト会議の結果を待ってから選択することが可能になったのだ。

野球界に限らず、早くから世界に目を向ける若者は増えており、それを抑制するのではなく後押しするような制度ができたことは、日本の野球界にとっても喜ばしいことではないだろうか。また日本国籍でありながらアメリカで生まれ育ち、メジャーでもプレーした加藤豪将（ごうすけ）（日本ハム）が23年からＮＰＢでプレーすることを選択。23年のＷＢＣでは、母親が日本人であるヌートバー（カージナルス）が侍ジャパンに選ばれて大活躍するなど、野球界の国際化は進む一方である。そんな中でも日本の野球が世界の中で存在感を示し続けるためには、井端の話すように野球界全体として力のある選手を輩出し続けることが極めて重要になってくるだろう。そのためにもプロ、アマチュアなどの垣根を越えての取り組みが必要だと井端は話す。

井端「これまでの歴史も当然ありますし、伝統ももちろん大事ですけど、そのことで将来を担う若い選手や子ども達が犠牲になっていては本末転倒ですよね。自分のようにたまたま他人に勧められた道でうまくいけばいいですけど、今の時代を考えるとそれで合わないような子どもはどんどん野球以外の選択肢に流れてしまうと思います。そうならないためには大人や指導者がもっといろんなものを変えていかないといけないですし、そこでプロだからアマチュアだからとか言って協力できないというのはやっぱり良くないですよね。自分たち元プロの人間ももっとアマチュアや子どもの世代に降りていく必要がありますし、アマチュアや学生側もそれを受け入れやすい体制にしていく。言葉にすると簡単ですけど、そんなことが大切だと思います」

筆者が日々あらゆる現場で取材していても、関係者からこういった日本の野球界についての問題に関するコメントが聞かれることは非常に多い。しかし問題意識を持っていながらも、実際に行動に移している関係者は少なく、自身の所属しているカテゴリーを超えて何かを働きかけている例はなかなかない。前述したように高校野球ではルールの改革が進み、社会人野球や独立リーグのチームが増えるなど明るい材料も確かにあるが、それはあくまでそのカテゴリーの範囲内の話である。日本の野球界の構造を考えてもその垣根を越えて行動することは、大きなエネルギーが必要なことなのである。

しかしこれまでも触れてきたように、井端は侍ジャパンのトップチームとU‐15の代表監督を兼任しており、さらに自身では小中学生向けに井端塾を開催するだけなく、24年1月14日には、昨年限りで中日のコーチを退任した荒木雅博との〝アラ・イバコンビ〟で、名古屋市内で野球教室を開催するなど、野球界全体に対する活動を加速させている。トップチームの監督であれば、国際大会での結果を優先してカテゴリーのトップであるプロ野球にだけ関わっている方が効率も良いはずだが、そうするのではなくジュニア世代への関わりを深めることが長期的な視点に立った時に日本の野球にとってプラスになると井端自身が信じているからではないだろうか。ビジネスの世界でもアイデアを口に出す人は多くても、実際に行動を起こす人はほとんどいないということがあるが、井端はそのほとんどいないと言われる〝行動を起こす人〟なのだ。

そしてこのようなトップチームの監督の姿を見て、何かを感じる関係者も多いはずだ。井端に続いて行動を起こすプロ野球ＯＢやアマチュア野球関係者が増えていくことが、日本野球の未来にとっても明るい材料となることは間違いないだろう。

エピローグ

井端の語る自身の将来

1年契約で勝負するプレミア12

プロローグでは2023年のWBCで優勝した後の、侍ジャパントップチームの監督人事が難航したこと、また井端がこれまでの代表監督に比べて比較的地味な経歴であることは紹介したが、もう一つ異例だったことがある。それは監督としての任期が24年11月開催の「プレミア12」までという非常に短期だということだ。侍ジャパン強化委員会の井原敦委員長は井端の監督就任会見で、その契約について「まずは大会ごとに契約を継続、更新していく」と、プレミア12以降の続投も視野に入れていることは触れているが、東京オリンピックの稲葉篤紀監督や、第5回WBCの栗山英樹監督が、その大会に向けて長期的に準備してきたケースとは異なっていることは確かだ。ただこの契約について井端本人からは特に不満などはなかったという。

井端「前にも言いましたが、先にU-15の方の監督が決まっていましたから。トップチームの方の話が突然だったんですね。2年後のWBCとか4年後のロサンゼルスオリンピックとかに向けて、長い期間をかけてチームを作っていくというのももちろんやり方としてあるとは思いますけど、まずはそれに向けて若い選手を発掘するのが大事だということで、契約期間のことは特に気になりませんでした。23年のアジアプロ野球チャンピオンシップも24年のプレミア12も、大会なのでやるからにはもちろん勝ちは目指しますし、ベストを尽くしたいと思います。そこで次も自分に任せてもらえるということになればそれは光栄なことですし、そう言ってもらえるような結果を残さないといけないということですよね」

24年に開催される第3回プレミア12は、メジャーの40人ロースター枠に登録されている選手は出場できないため、WBCでも活躍した大谷翔平や山本由伸などは招集できない。また、レギュラーシーズン終了後ということで、ベストメンバーを組むのはWBC以上に難しくなる。井端も当然それを見越してチーム作りを進めているが、そんなプレミア12に向けての意気込みについても聞いてみた。

井端「メジャーの選手が出ないというのはもちろん聞いていますし、日本もその中でどうやってチームを作っていくかが重要なのは間違いありません。23年のWBCで中心だった選手はもちろん候補ですけど、それだけでは当然足りませんから新しい選手が出てきてくれないといけません。戦い方としては細かいことは何もせずに、力勝負で勝つというのが理想です。ただ当然相手もこちらを研究してきますし、苦戦するケースもあると思います。そうなってくるとやっぱり大事になるのはミスをしないことですよね。ピッチャーだったら無駄な四球を出さない、野手だったらエラーをしないというのは重要になってきます。あとはなかなか点が取れないという展開になったら、もちろんいろんな手段を使うことは必要になってきます。そういう意味では力対力で勝負できることを前提として、臨機応変にいろんな戦い方ができるような準備はしておかないといけないと思っています」

侍ジャパンが優勝を果たした19年の第2回プレミア12で、井端は稲葉監督のもとで内野守備・走塁コーチを務めていたが、この大会でも苦しい展開となる試合が多く、足のスペシャリストとして抜擢された周東佑京（ソフトバンク）が、ここ一番で見事な走塁を見せるなど、スモールベースボールが力を発揮した部分も確かにあった。コーチの立場でそれを経験してきたことも井端にとっては大きなプラスであることは間違いない。難しいチーム構成の中で、結果を残すことができれば当然26年に開催予定の第6回WBCに向けて、契約更新という可能性も高くなるだろう。

古巣中日への提言

プロ野球ファン、特に井端の古巣である中日ファンが気になるのは、侍ジャパンの監督を退任した後のことではないだろうか。中日は、井端が巨人に移籍した14年からの10年間でAクラスは1回（20年の3位）のみで、23年は球団創設以来初となる2年連続の最下位に沈むなど、長期低迷が続いている。中日復活のためにも井端の監督就任を期待する声は非常に多い。井端の侍ジャパンの監督としての任期が24年末までというのも、25年から中日の監督に就任するための布石ではないかという気が早い話も出ているほどだ。24年の目標は、侍ジャパンのトップチームとU-15での活動であることはもちろんだが、そんな多くのファンが気になる中日監督就任の可能性についても聞いてみた。

井端「『いつかドラゴンズの監督を』ということで名前を出してもらうのはありがたいことですよね。ドラゴンズに限らずどの球団でも、NPBの監督をするというのは凄く名誉なことだと思いますし、そういう話があれば当然受けるかどうか考えると思います。ただ、監督をやるために自分に足りないものはまだまだあると思いますし、そうなった時のためにもいろんな年代の野球にかかわっているというのはありますよね。例えばですけど、U-12の監督を経験せずにNPBの監督をやっていたら、選手のできないことばかりに目が向いてうまくいかなかったと思います。ドラゴンズには愛着もありますし、ジャイアンツでも本当にいい経験をさせてもらいました。でもこれ（球団の監督就任）ばかりは、縁とかタイミングとかがありますし、監督もいつまでもできるものではありませんから。いつ声がかかってもいいように、侍ジャパンも井端塾の指導も頑張りますというところですかね」

井端と同じく、NPBの監督を経験せずに侍ジャパンのトップチームで監督を務めた小久保裕紀も、退任してから3年間はユニホームを着ることなく評論家を中心に活動したが、その後はソフトバンクの一軍ヘッドコーチと二軍監督を歴任し、24年から一軍の監督に就任している。また稲葉篤紀も侍ジャパンの監督退任後、日本ハムのゼネラル・マネージャーを経て、24年からは二軍監督となった。このような例を見ても、現在48歳という年齢を考えても、井端が今後何らかの形で古巣である中日にかかわることは期待できそうだ。

ファンがもう一つ気になるのは、やはり井端が現在の中日をどのように見ているかと言うこと。ここ数年の中日は、投手成績こそリーグでも上位ではあるものの、得点力不足が大きな課題と言われている。そんな貧打に悩む古巣の現状と、24年シーズン以降のポイントについても井端に聞いた。

井端「ホームランが足りないと頻繁に言われますけど、自分たちの現役時代もそんなにホームランを打つ選手がいたわけではありません。ウッズと福留（孝介）くらいですよね。福留が抜けた後に和田（一浩）さん、ウッズが抜けた後にブランコが入ってきましたけど、ホームランバッターと言える選手は大体2人だったと思います。それでも十分得点はとれていましたし、勝てるんですよね。バンテリンドームで30本とかホームランを打てる選手は、他の球団を見てもそんなに多くはいません。でも外野は広いですから、長打は打てるわけですよ。長打はツーベース以上ですから。それであれば打球を高く上げる必要はないですよね。それに幸いなことに、今のチームはホームランも打てるだけの力を持った選手が2人以上出てきました。まずは石川昂弥選手ですよね。若手の中では遠くへ飛ばす力はずば抜けています。23年は膝のケガの回復途上ということで、まだしっかりコンディションが整っていない中でのプレーで苦しい部分も多かったと思います。それでも二桁のホームラン（13本）を打てたことは、ある程度自信になったのではないでしょうか。体の状態が整って、1年しっかり戦える体力がつけばもっと成績も上がるでしょう。もう1人は細川（成也）選手ですよね。正直昨年、あんなに打てるとは思っていませんでした。そう思っていたらベイスターズも現役ドラフトに出していませんよね。バットを引きすぎる悪い癖があったんですけど、それがだいぶなくなってパワーが生きるようになりました。まだ調子の波はありますけど、パワーは間違いありません。石川選手も細川選手もまだまだ若いですから、この2人が安定してホームランを打って打点を稼げば、他の選手はホームランを狙う必要はないと思います。今年は2人に加えて経験のある中田（翔）選手も加わるわけですから、得点力とか長打力に関しては23年までよりは確実に期待できると思いますね」

井端の話すように、落合博満監督が就任して優勝を果たした04年もチーム本塁打数はセ・リーグで最下位の数字であり、53年ぶりの日本一を達成した07年を見てもチーム本塁打数は5位となっている。そういった過去の例を見ても、井端の言うようにホームランにとらわれずに、チームの強みを生かして勝ちを目指す方が得策と言えそうだ。

中日ファンにとってもう一つ気になるのは、ここ数年で入れ替えた内野陣をどう整理していくかということではないだろうか。22年オフには二遊間のレギュラーだった京田陽太がＤｅＮＡに、阿部寿樹が楽天に相次いで移籍。その年のドラフトでは村松開人、濱将乃介（24年から外野手に登録変更）、田中幹也、福永裕基と4人もの内野手を獲得し、さらに23年のドラフトでも津田啓史、辻本倫太郎と内野手を2人指名している。他にもまだ若い龍空や、22年育成ドラフト3位で1年目から支配下登録された樋口正修、外国人選手のカリステも控えているのだ。何とかして二遊間を一新して、〝アラ・イバコンビ〟のように長く固定したいという立浪監督の気持ちの表れとも言えるが、この動きについて井端はどう見ているのだろうか。

井端「みんなそれぞれいいものを持っており、それが評価されてプロ入りしていることは間違いありません。でもプロで1年やるとなると課題はいろいろありますよね。23年のドラフトで指名した2人についてもそうです。津田選手は走攻守全てそれなりのレベルにありますが、プロで勝負できる明確な武器がまだ見えてこない。辻本選手はスピードとか守備範囲は武器だと思いますが、まだまだ打球と衝突してしまうなど安定感に欠けるところがある。でも自分も荒木も当然プロに入ってきた時は足りないところも多くて、それを埋めていったわけですから、今いる若い選手たちもそうやっていくしかないですよね。チームとしてはレギュラーが決まっていないのは不安要素かもしれませんが、選手にとってはチャンスも多いということですし、そこで競争が生まれるのはいいことだと思います。ただいつまでも競争とは言っていられませんから、今年（24年）か来年（25年）くらいでレギュラーを固定できるのが理想だと思います」

キャンプではルーキーの津田がコンディション不良で出遅れたものの、もう1人のルーキーである辻本と2年目の田中は、再三軽快な動きを見せてドラゴンズファンを沸かせている。また打撃が課題と言われていた龍空もスイングに力強さが出て、成長を感じさせているのもプラス材料だ。井端の言うように競争が活性化して、それぞれがレベルアップしていけばチームの将来も明るくなるだろう。

井端の以前からの夢

将来的に中日の監督となる可能性については否定しなかった井端だが、プロ野球の世界以外でも以前から目指しているものがあるという。

井端「これは現役を引退した時からいろんなところでも言っているんですけど、高校野球の監督をやりたいという気持ちはずっとありますね。もちろん、できれば母校である堀越の監督をやりたいですし、一応自分も堀越高校野球部のＯＢ会長なんですけど、今のところ学校からは一切そんな話がくる気配はありません（笑）。以前に出した本の企画で、帝京で長く監督を務められた前田三夫さん（現・名誉監督）と対談をさせてもらいましたが、長く高校野球で監督として実績を残されている方は本当に指導力があると思います。主力選手が何年も変わらないプロ野球とは違って、高校野球は毎年選手が入れ替わるわけですから。入ってくる選手のレベルも、プロや社会人野球のようにある程度高い選手が揃っているわけでもない。さらに野球以外の面も教えることを求められるわけですからね。甲子園に出場するとか、プロに選手を送り出すだけが全てではありませんが、日本の野球界を見ても高校野球は一番注目度も高くて影響力も大きいところですし、いつかそこで監督をしてみたいというのは以前からずっと考えていますす」

近年では元プロ野球選手の高校野球指導者も増えているが、もし井端ほどの実績を持った人物が高校野球の監督となれば話題性は極めて大きく、高校野球界全体に与える好影響も期待できるだろう。母校である堀越高校は春夏合わせて10度甲子園に出場し、１９６９年の選抜では準優勝も果たしている伝統校だが、97年夏を最後に甲子園出場からは遠ざかっており、最近では〝古豪〟と呼ばれることの方が多い。そんなチームの復活の切り札として井端に白羽の矢が立つというのも十分にあり得る話だろう。また前田との対談の中では50歳くらいをめどに考えたいとも話しており、意外に早いタイミングで高校野球の監督として指導する井端の姿が見られるかもしれない。筆者のようなアマチュア野球に深くかかわっている人間からすると、ぜひ実現してもらいたい夢である。

井端自身の高校時代は監督の桑原秀範（現・MSH医療専門学校女子硬式野球部総監督）が広島商、法政大という古くからの日本野球の王道とも言える厳しい環境でプレーしてきた指導者だったこともあって、選手に対しても精神的に追い込むような指導だったというが、もし井端が高校野球の監督になったら、どんな指導者を目指すのだろうか。そのあたりについても踏み込んで聞いてみた。

井端「自分の高校、大学の監督（内田俊雄）はどちらも広島商出身ということもあって、相当厳しかったですよね。高校の時は5月のゴールデンウイークから3週間合宿があって、夜中の12時くらいまで練習して、朝は5時から練習するみたいな感じでした。逆にその後の6月までの期間や秋季大会が終わってから2月までは、土日は練習休みみたいな時期もあってオンとオフの差は大きかったんですけど、それでも厳しかった思い出が多いですね。自分の高校時代だけでたくさん話すことができます（笑）。それで甲子園にも出られましたし、時代もありますからそのやり方は完全に否定するわけではありませんが、自分が監督になったら同じやり方はもちろんやりませんよね。いかに効率良くうまくなれるかということをまず追求すると思います。いろいろな無駄を経験することも長い目で見れば悪いことではないのかもしれませんけど、高校野球の期間って実際には2年と数カ月しかないので、無駄なことができる期間はあまりないのかなと。あとこれまでいろんな選手を見てきましたけど、悪い癖がつくのも選手が伸びるのも、中学生から高校生の時期だと思うんですよね。1度悪い癖がついてしまうとその先で直すのは簡単ではないんですよ。むしろ岡本和真（巨人）の守備の話ではないですけど、何も教わっていない方が良かったりすることもあります。自分がいろんなところで教えているのもそうですけど、極力無駄を省いて楽にうまくなる、そんなことをテーマにやれたらいいなとは思っています」

井端が高校時代に経験したという、合宿のような追い込む練習を行っている高校はまだまだ多く、負けたら終わりのトーナメントである高校野球の世界では、そういった「ここまでやったんだから負けるわけにはいかない」という精神的な強さを身につける必要性を説く指導者も少なくない。高校野球で勝つためにはそれも一つの正解かもしれないが、そういったやり方についていけない選手も一定数存在していることも確かであり、また井端の言う無駄な部分も少なくないはずだ。そして井端は既存の高校野球の価値観にとらわれることなく、より本質的な部分の指導を目指したいと続ける。

井端「試合があれば勝ちを目指してもちろんやりますけど、それよりも選手がうまくなって次のステップに進んでいくことの方が大事だと思います。極端な言い方をすれば、甲子園に行って優勝しようというのを目標にはしません。自分も技術的に自信がついたのはプロで何年かやった後の20代後半でしたから、それを考えても高校野球がゴールと考えてしまうのはもったいないですよね。野球がうまくなることに手応えをつかんでもらって、大学やその先でも野球を続ける選手が多く出てくるような野球部にしたいですよね。そう考えると休みなく毎日練習する必要もないと思いますし、休養も大切です。自分も休みたいですからね（笑）。休んでしっかりリフレッシュして、練習に対して目を輝かせて取り組めるようなサイクルにした方がうまくなると思うんですよ。プロのキャンプだってオフの日はありますし。自分も現役時代に実績を残してからですけど、これ以上やってもプラスにはならないと感じたら早めに練習を切り上げたりしていました。鍛えることも必要ですけど、高校生はまだ体もできていないわけですから。休みなく練習し過ぎると故障にも繋がると思います。2年ちょっとしか期間がないのに、ケガをして何カ月も休むということになったら、それこそこんなに無駄な話はないですからね。あと高校野球で思うのは、試合が多すぎると思うんですよ。冬の間は対外試合は禁止ですけど、3月になって解禁になると、毎週末練習試合をやっているようなイメージがありますよね。試合で実戦経験を積むこともちろん大事ですけど、ちょっとやり過ぎているんじゃないですかね。ピッチャーなんかは土日の試合で投げて、ちょっとは投げない日もあるのかもしれませんけど、平日の練習でもまた投げるわけじゃないですか。バッティング練習の打撃投手とかもやったりしますよね。大会に向けて実戦をなるべく多くやっておきたいという気持ちも分かりますけど、それで疲弊してしまっていざ公式戦となったら力が出せないというケースも多いんじゃないですかね」

最近では、1週間のうち1日はオフを取り入れているチームも増えてきているが、強豪校と言われるチームでは、まだまだそういうチームは少数派である。中には午後からはスポーツクラスの授業という名目で実際は部活の時間にして、毎日長時間の練習を行っているような野球部も少なくない。また井端の話すように、高校生以下の年代で故障する選手も多く、投手の球数制限なども導入されているが、試合についての制限はあっても練習での制限はなく、オーバーワークに繋がっていることも多いはずだ。人間の体が完全に完成されるのは25歳前後とも言われており、10代後半の高校生に目先の結果だけを追い求めて高い負荷をかけ過ぎることは選手の将来を考えても大きな問題と言えるだろう。

また強豪校となると3学年合わせて100人以上の部員を抱えているようなチームも多く、公式戦に1度も出場することなく高校野球生活を終えるという選手も多く存在している。野球人口の減少が叫ばれる一方で、高校まで野球をすることを選んだ多くの選手が、試合に出場できないというのは、現在の野球界の大きな問題点と言えるだろう。そして井端が高校の監督になった場合は、この点も考慮したいと話す。

井端「せっかく入ってきたのにメンバー外の選手が多く出てきてしまうのはもったいないですよね。今ベンチ入りできるのは20人ですよね？　だったら部員は一学年に10人くらい、もう少し少ないくらいでもいいかなと思います。せっかく教えるなら選手全員にしっかり教えたいですし、部員が100人とかいたら全員に毎日教えるのは無理ですからね。教えるどころかそれくらい人数がいたら、プレーを見ることも難しいですよ。だったらある程度人数は絞って、それぞれにしっかり教えた方が全員がうまくなると思います。学校経営の問題もあるので、選手を絞るというのは難しいのかもしれませんけど、そういう意味では全然実績のない、部員数も少ない学校で（監督を）スタートするのもいいのかもしれませんね。小学生、中学生を教えていても、最初はこっちのことを探っている感じなのですが、うまくできるようになると反応が変わるんですね。そうなればしめたものですよね。今の子ども、特に高校生は、自分たちの時代と比べると情報もいっぱい持っていていろんなことを知っていますから、プロでの実績がある指導者が来たからといっても、すんなりと受け入れてくれるわけではありません。だからこそ、それぞれの選手のことをしっかり見て、変化に気づいて指導していかないと納得して取り組めないと思いますし。それを考えても自分の目が行き届く人数で教えたいというのはありますね」

社会人野球のNTT東日本では、スカウト業務にも携わっていた井端だが、本人の話にもあるように高校野球の場合は毎年選手の多くが入れ替わり、また代表チームのように力のある選手ばかりを集めることができるわけではない。そのあたりがチームを作る上でも難しい部分と言えるが、そんな高校野球で監督をやることになった場合には、どうやってチームを作っていこうと考えているのだろうか。

井端「プロでもそうですけど、全員がホームランを打てるような力のある選手ばかりを揃えることはできませんし、もし揃ったとしてもそれだけで勝てるわけではないと思います。

選手にはそれぞれ役割がありますし、チームの中で選手それぞれが役割をしっかり分かっているチームは強いですよね。ただ高校生の年代に関しては当然その先があるわけですから、その時点で体が小さいからといって細かいプレーばかり叩き込むのもまた違うと思っています。小学生、中学生に教えていることとも重なる部分ですけど、体が大きくなって、力がついた時にちゃんと強い打球も打てるような指導はするつもりですし、それが技術を教えることだと思います。自分の高校時代とかを振り返ってみると、精神的に凄く追い込まれたこともあって、それで鍛えられて甲子園でも気負うことなくプレーできたというのはありました。大学に進んでからもあまり苦しいと思うことはなかったので、そういう意味では高校の監督には感謝しています。ただ逆に何か技術的なことを教わったかというと、あまり印象に残っていないんですね。それでもプロに行けたのである程度はできていたのだと思いますけど、技術についてはプロで身につけたという思いが強いです。でも本当は早い段階からもっと教わっていれば、高校の間にうまくなれる選手も増えるはずです。精神的なことは考え方や気持ちの持ちようみたいな面でもちろん伝えますけど、実際に厳しい場面を実戦で経験することで身につく部分も多いですから。だから自分が高校生に教えるのであれば、後々振り返った時に、技術をしっかり教わったと感じてもらえるようなチームにしたいですし、そうやっていけばチームとしてもうまく回るのかなとも思います」

筆者も、多くの元プロ野球選手や指導者を取材した経験があるが、特にアマチュア野球の高校や大学の指導者の場合は、技術指導について具体的な話が出てこないことも多い。逆にもっと下の年代の少年野球や、プロの名コーチと呼ばれる指導者の方が、技術について突き詰めて考えているケースが多い印象を受ける。ただ井端の言うように中学生、高校生が最も選手として伸びる年代ということを考えると、その時期にしっかり技術を習得することが非常に重要であり、次のステージへ進む選手が増えることにも繋がっていくはずだ。

井端の語るもう一つの夢

ＮＰＢ球団にせよ高校野球にせよ、監督を務められる期間は当然限られており、井端にとっては選手、指導者に次ぐ、〝サードキャリア〟も視野に入っている。２０２３年、ＷＢＣで侍ジャパンを世界一に導いた栗山英樹は、24年から、日本ハムのチーム編成と球団運営の両方を強化する立場である『チーフ・ベースボール・オフィサー（ＣＢＯ）』に就任しているが、過去に指導者として実績を残した人物が、球団の編成や経営側に軸足を移すケースはよく見られる。しかし井端の考える指導者退任後のキャリアプランはそういう方向性ではないという。

井端「もし本当に高校野球の監督をやるということになったら、それに集中しないといけないし、他の活動などの身動きは取れなくなりますよね。NPBの監督もそうだと思います。だからまずはその前にいろんな年代の野球を見ようというのが第一にありますよね。監督やコーチといった指導者も、どこかに属してやるであればいつまでもできることではないので、当然その先のことは考えないといけません。具体的に何かというのはまだ正直分かりませんけど、今やっているように各世代のチームの野球にかかわり続けたいという気持ちはありますね。体と気持ちが続く限りこの活動を続ける。もちろん求められていろんな所に行けるのが一番ですけど、そういうオファーがなくてもどんどん自分から動いていけばいいかなと。そうやって野球の〝現場〟にかかわり続けるのが自分の考える希望というか、夢ですかね」

日米通算4367安打を放ったイチローも、現在マリナーズで会長付特別補佐兼インストラクターとしてチームに帯同しながら、シーズンオフには国内各地の高校の野球部を訪れる活動を20年から続けている。イチローは現役を引退する際に、自身の体を使いながら「野球の研究者でいたい」と話していたが、井端が目指しているものもアプローチの方法は多少異なるものの、共通している部分はある。現役時代も引退してからも、野球に向き合ってきたからこそ目指せる道と言えるだろう。

本書での取材だけでなく、これまであらゆる場面で井端と接してきて筆者が感じることは、とにかく野球がとことん好きだということである。プロで実績を残した選手や指導者に話を聞いていても、心底野球が好きだということが伝わってくるケースは実は少なく、またプロ野球以外にもここまでアンテナを張って野球に積極的にかかわろうとしている人物は珍しい。以前、『イバＴＶ』にゲストとして出演していた高橋由伸も、「井端は野球のマニアックな話ばかりしているから、視聴者が男性ばかりなんじゃないの？」と話していたほどである。ちなみに当時のイバＴＶの男性視聴者割合は約96％とのことで、その後も大きな変化はないという。逆に言えばそれだけ熱狂的な野球ファンの指示を得ているとも言えるだろう。

筆者もアマチュア野球を中心に、年間４００試合以上の現場に足を運んでおり、「そんなに野球ばかり見て飽きませんか？」と言われることがあるが、日々新たな発見があり、全く飽きることはなく、むしろ年々楽しさは増えていると感じるほどだ。それだけ野球が奥深いスポーツであるという証拠であり、生涯をかけてかかわるに値するものとも言えるだろう。そして同様に、「そんなに野球を見て、野球にかかわって飽きませんか？」という質問を井端にもしたところ、こんな答えが返ってきた。

井端「飽きることはありませんし、大変だと思うこともないですね。前にも言いましたけど、野球を見ることや小学生や中学生に教えることは、ある意味仕事だと思っていないからだと思います。釣りが好きな人が釣りに行くとか、お酒が好きな人が飲みに行くとか、それと同じような感覚ですよね。好きでやっていることは苦にならないじゃないですか。自分自身は中学生とか高校生の時はやらされる野球でしたけど、それでも続けられたのはやっぱり野球が好きだという気持ちがあったからですよね。もちろん何も考えずにやっていたからではなく、技術やいろんなことが分かるようになって、より好きになっていったという部分も大きいと思います。だからこそ中学生や高校生の早い段階でそういうことに気づいてもらえる人が増えていってくれたら嬉しいですよね」

侍ジャパンのトップチームやＮＰＢだけでなく、あらゆるシーンで井端とかかわった野球関係者が野球の魅力をより深く知り、さらにそれをより多くの人に伝えていく。そんなサイクルが広がっていくことが井端が今後描いているビジョンであり、野球界の明るい未来に繋がっていくことになるだろう。

おわりに

筆者が井端と頻繁に仕事でやりとりをするようになったのは、それほど昔の話ではない。井端が自身のＹｏｕＴｕｂｅチャンネルである『イバＴＶ』で注目しているアマチュア野球選手を紹介する回に「（アマチュア野球をいっぱい見に行って）スポーツライターの西尾典文さんを目指そうかと思っている」と発言したことがきっかけだ。それまで井端のことは社会人野球の現場で姿を見かけたことはあったものの直接の面識はなく、まさか自分のことを認識しているとは思わなかったため、この発言には本当に驚かされた。このことを知った旧知の編集者からの提案で、『スポーツナビ』のＹｏｕＴｕｂｅでドラフト候補選手に関する対談が実現し、その後もＣＳ放送のスカイＡによるドラフト特集番組などでも一緒になり、甲子園大会や社会人野球の現場でも頻繁に顔を合わせるようになった。今回この書籍が実現したのもその流れからであり、何気なく井端から出た一言からこんなことになるとは全く思っておらず、不思議な縁というのを感じずにはいられない。

そして大きな出来事と言えばやはり井端の侍ジャパンのトップチーム監督就任だろう。それまでも東京オリンピックの代表チームやＮＴＴ東日本でもコーチを務めていたものの、トップチームの監督となればかかるプレッシャーは、それまでの立場と比べ物にならないほど大きなものとなる。これは手の届かない存在になってしまったなと思っていたが、ドラフト会議の前日も当日も電話で話をするなど、ありがたいことにやりとりする機会が減ることはなかった。この書籍の企画が持ち上がって連絡した時も、関係者への確認は必要だったが、二つ返事で了承してくれ、年末には12球団ジュニアトーナメントが行われた神宮球場のスタンドでも打ち合わせを行うなどして、プロ野球シーズン開幕に合わせて出版することができた。これも井端の懐の深さとフットワークの軽さの賜物と言えるだろう。

本文の執筆には間に合わなかったが、2024年3月6日と7日に行われた欧州代表との強化試合についても触れておきたい。2試合目では侍ジャパン史上初となる6人の継投による完全試合を達成。その先陣を切ったのが本文でも紹介した金丸夢斗と中村優斗で、野手の西川史礁も守備でファインプレーを見せるなど抜擢した大学生が大活躍を見せた。しかしそれ以上に驚かされたのはその翌日だ。書籍に関する確認で電話すると、その日はU-15の情報収集のために関西の強豪高校を訪れていたというのだ。改めてその行動力には驚かされるばかりである。

本書の大きなテーマである野球界の未来に向けた提言という意味では、第六章でも触れたようにプロとアマチュアの間にある壁が大きな問題となっており、それを感じている関係者も多いはずだ。ただそんな現状を嘆くだけでなく、実際に自ら動いて社会人野球、大学野球、高校野球やその下の年代にかかわろうということはなかなかできるものではない。そんな井端が侍ジャパンのトップチーム監督に就任したことで、勇気づけられたという言葉も聞かれた。そしてさらに心強いのはエピローグでも触れたように、井端がその活動を一時的なものではなく、ライフワークととらえて取り組んでいるということだ。ウェルビーイングが重要と言われる現代においては、使命感に駆り立てられるのではなく、自ら好んで行動できるリーダーが理想的であり、そういう意味でも井端は野球界の新たなリーダー像を築き上げてくれるのではないだろうか。本書がそれを示す一端となり、野球界の発展に繋がればこんなに嬉しいことはない。

2024年3月　西尾典文

［巻末付録］

2024年
ドラフトの
注目選手たち

文・写真／西尾典文

［高校生編］

規格外の超大型右腕から強打者まで 最終学年次第で目玉に浮上の可能性も

春の時点では誰がNo.1かは分かりづらい状況だが、最終学年次第で急浮上しそうな候補は少なくない。投手で抜群のスケールを誇るのが小船翼（知徳）だ。197㎝、108kgという日本人離れした体格で昨年秋には最速150キロをマーク。フォームはギクシャクしたところがあるものの、意外に器用に変化球を操れるのも長所だ。今朝丸裕喜（報徳学園）も190㎝近い長身で、完成度では小船を大きく上回る。冬の間に体つきも明らかに大きくなり、ストレートのアベレージもアップした。いかにもプロのスカウトが好みそうな好素材の大型右腕である。

野手では石塚裕惺（花咲徳栄）とモイセエフ・ニキータ（豊川）の注目度が高い。石塚は打撃、守備ともに力強さが抜群で、脚力の高さも備える。打てるショートは貴重なだけに上位指名の可能性は高い。一方のモイセエフは全身を使ったフルスイングで抜群の長打力を誇る。試合終盤の勝負所で、しっかり結果を残せる集中力の高さとスター性も魅力だ。昨年秋の明治神宮大会でも高々と打ち上げる一発を放って観衆を沸かせた。

今朝丸裕喜（報徳学園・投手）

2年春は背番号「10」で甲子園準優勝にも大きく貢献。長身でもバランス良く投げられ、試合を作る能力も高い。

小船翼（知徳・投手）

日本人離れした体格を誇る超大型右腕。粗削りだがスケールの大きさは全カテゴリーの中でもトップと言える。

モイセエフ・ニキータ（豊川・外野手）

ロシア出身の両親を持つ強打の外野手。2年秋は公式戦17試合で6本塁打、32打点と圧倒的な成績を残した。

石塚裕惺（花咲徳栄・遊撃手）

強肩強打の高校生No.1ショート。リストの強さは抜群で、2年秋の関東大会では特大の一発も放った。

［大学生編］

六大学から地方リーグまで目が離せない
侍ジャパン選出の4人以外も注目株が

第五章では侍ジャパンに選出された４人を含む合計６人の大学生を紹介したが、彼ら以外にもまだまだ注目の選手は存在している。東京六大学の投手では篠木健太郎（法政大）が最注目だ。木更津総合時代から好投手として評判だったが、大学で大幅にスピードアップし、好調時は先発でもストレートのアベレージは150キロを超える。昨年秋に故障で調子を落としたが、春は完全復活に期待だ。地方リーグの投手では徳山一翔（環太平洋大）が面白い。150キロを超えるストレートは威力十分で、サウスポーでは金丸夢斗（関西大）に次ぐ存在と言える。

内野手では佐々木泰（青山学院大）が注目の強打者。確実性には課題が残るが、パンチ力は抜群で、最近では貴重な強打のサードとして評価が高い。外野手で昨年浮上してきたのが麦谷祐介（富士大）だ。2023年春は下村海翔（阪神１位)、秋は常廣羽也斗（広島１位）と、いずれもドラフト１位投手からホームランを放って一気に評価を上げた。抜群のスピードも大きな魅力で外野手としての総合力も高く、上位指名も十分狙えるだけの実力者である。

徳山一翔（環太平洋大・投手）

地方リーグで注目の本格派左腕。常時150キロに迫るストレートは勢い十分で、明治神宮大会でも快投を見せた。

篠木健太郎（法政大・投手）

今年の東京六大学を代表する投手。昨年秋は怪我に苦しんだが、好調時の投球ができれば1位の可能性も高い。

麦谷祐介（富士大・外野手）

東北の大学球界を代表する外野手。昨年は春、秋の全国大会でいずれもホームランを放つ活躍を見せた。

佐々木泰（青山学院大・三塁手）

県岐阜商時代から評判の右の強打者。1年春からベストナインに輝き、現役選手トップの通算11本塁打を誇る。

［社会人編］

昨年の度会隆輝のような目玉は不在
今年の活躍で浮上してくる選手は誰だ?

2023年は度会隆輝（DeNA 1位）が目玉として注目を集めたが、今年は現時点で上位候補間違いなしという選手は不在という印象を受ける。そういう意味でも24年のプレーぶりがより重要になるだろう。投手でまず楽しみなのが高校卒３年目の寺嶋大希（NTT東日本）だ。愛工大名電時代から注目の右腕で、入社からの２年間は体作りが中心だったが、24年は春先からオープン戦で好投を見せている。主戦として実績を残せば、一気に評価を上げる可能性も高い。大学卒２年目では加藤泰靖（トヨタ自動車）に期待だ。23年は故障明けで登板機会も少なかったが、好調時の150キロを超えるストレートは威力十分。本来の姿を取り戻せばNPB入りの可能性は高い。

野手では強肩捕手の石伊雄太（日本生命）、強打のサードである山田陸人（ENEOS）の２人を挙げたい。石伊は大学時代から守備の評価は高く、課題の打撃でも昨年は成長ぶりを見せた。即戦力の捕手が欲しい球団には魅力の選手だ。山田は長打力が大きな魅力。春先から４番を任されており、度会に代わる中軸としてチームの期待は大きい。

加藤泰靖（トヨタ自動車・投手）

上武大では早くから主戦として活躍。4年時の故障で昨年は登板が少なかったが、完全復活に期待がかかる。

寺嶋大希（NTT東日本・投手）

愛工大名電では田村俊介（広島）とともに活躍した右腕。実績は乏しいが、3年目での飛躍が期待される。

山田陸人（ENEOS・三塁手）

強打が魅力のサード。パンチ力は抜群で、今年は度会隆輝（DeNA）の抜けた穴を埋める活躍に期待だ。

石伊雄太（日本生命・捕手）

抜群の強肩が魅力の捕手。社会人でも1年目からレギュラーをつかみ、チームの都市対抗出場に大きく貢献した。

※写真は近大工学部時代

［独立リーグ編］

徳島インディゴソックスに多くの好素材
名門社会人から移籍の選手にも注目

2023年は史上最多となる23人がドラフト指名を受けた独立リーグの選手たち。中でも徳島インディゴソックスは６人が指名されて話題となったが、今年も好素材が多い。新加入で注目なのが工藤泰成と篠崎国忠の２人だ。工藤は東京国際大でエースとして活躍した本格派右腕。４年秋に調子を落としたが、好調時の投球が続けば上位指名も狙える実力者だ。一方の篠崎は190㎝を超える大型右腕。完成度は低いものの、ポテンシャルの高さは誰もが認めるところで、強豪大学、社会人からの誘いもあったという。スケールを残したまま、まとまりが出てくれば面白い存在だ。昨年から所属している選手では高校卒３年目の山崎正義（せいぎ）が有力候補。高校時代は無名だったが、着実に力をつけて23年はクローザーも任された。制球力と変化球は十分だけに球威が上がれば指名の可能性は高い。

社会人から移籍した選手では安里海（BCリーグ神奈川）が注目の選手。高校、大学、社会人と常に名門で活躍しており、安定感が光るサウスポーだ。今年で25歳となるだけに、圧倒的な成績を残してアピールしたい。

工藤泰成（四国IL徳島・投手）

大学で急成長した最速153キロ右腕。4年秋は調子を落としたが、本来の投球ができれば上位指名も狙える。

※写真は東京国際大時代

安里海（BC神奈川・投手）

東海大相模、東海大でもエースとして活躍。ゆったりとしたフォームでスピード、制球力ともレベルは高い。

※写真は日立製作所時代

山崎正義（四国IL徳島・投手）

都立紅葉川高校から独立リーグに進んだ注目株。2年目の23年は力の多い投手の中でも抑えとして見事な成績を残した。

篠崎国忠（四国IL徳島・投手）

中学時代から評判の大型右腕。大学、社会人の誘いを断って独立リーグに進み、1年でのNPB入りを狙う。

※写真は修徳時代

［井端塾リポート］

子どもに対しても注がれる視線は真剣
それでも雰囲気はアットホーム

「小学生は友達感覚で接してきますね」、井端塾での指導についてそう話す井端だが、実際に現場を取材して見て感じたのはとにかく雰囲気が和やかだということだった。井端も指導のパートナーを務める飯塚智広も厳しい練習で知られる亜細亜大出身ということを考えると、まずはそのギャップに驚く選手や保護者も多いという。

しかしその内容は決して“緩い”わけではない。井端は常に選手の動きを観察し、気になった点があればその場で声をかけ、時には身振り手振りを交えての指導に及ぶこともあった。プロの世界でも選手を見る観察眼の鋭さに定評のある井端だが、子ども達への指導においてもそれは全く変わることはないというのが率直な印象である。

もう一つ特徴的だったのはかける言葉のチョイスだ。野球塾などでは聞きなれない言葉を使う指導者も多いが、井端のかける言葉は小・中学生でも理解できるものばかりだったのだ。飯塚も「地味な練習の中に大事なものがあると気づいた」と話していたが、言葉についても同様のことが言えるだろう。そんな井端塾での指導を受けた子どもたちがどのように成長していくのか。井端にとって最も楽しみなことであることは間違いないだろう。

井端弘和 主な記録

【NPB 年度別個人成績一覧】

年度	所属球団	試合	打数	安打	本塁打	打点	盗塁	犠打	打率	出塁率
1998	中日	18	49	12	0	2	4	4	.245	.339
1999	中日					出場なし				
2000	中日	92	242	74	3	16	6	8	.306	.351
2001	中日	140	531	139	1	32	14	37	.262	.330
2002	中日	135	531	154	4	25	6	6	.290	.361
2003	中日	105	386	103	5	27	5	30	.267	.319
2004	中日	138	562	170	6	57	21	18	.302	.367
2005	中日	146	560	181	6	63	22	19	.323	.405
2006	中日	146	573	162	8	48	17	27	.283	.355
2007	中日	144	588	174	5	45	23	8	.296	.368
2008	中日	106	408	113	5	23	8	16	.277	.340
2009	中日	144	569	174	5	39	13	8	.306	.388
2010	中日	53	180	47	0	16	0	6	.261	.345
2011	中日	104	376	88	1	29	3	31	.234	.280
2012	中日	140	489	139	2	35	4	8	.284	.356
2013	中日	100	326	77	1	18	0	8	.236	.323
2014	巨人	87	164	42	3	16	0	4	.256	.328
2015	巨人	98	269	63	1	19	3	10	.234	.331
通算	−	1896	6803	1912	56	510	149	248	.281	.352

【NPB 個人表彰】

ベストナイン	5回	2002年、2004年、2005年、2006年、2007年
ゴールデングラブ賞	7回	2004年、2005年、2006年、2007年、2008年、2009年、2012年

●侍ジャパン 個人成績

年度	所属球団	試合	打数	安打	本塁打	打点	盗塁	犠打	打率	出塁率
2013	日本代表	6	18	10	0	4	0	0	.556	.652

●侍ジャパン 個人表彰

WBC 2次ラウンドMVP	2013年
WBC ベストナイン	指名打者、2013年

●侍ジャパン 監督成績

アジアチャンピオンシップ2023	優勝	4勝0敗
U-12野球ワールドカップ2023	4位	6勝3敗
U-12野球ワールドカップ2022	7位	4勝3敗

西尾典文

（にしお・のりふみ）

1979年生まれ。愛知県出身。筑波大学大学院で野球の動作解析について研究し、在学中から専門誌に寄稿を開始。大学院修了後も主にアマチュア野球を中心に年間400試合以上を現場で取材し、各種媒体に記事を寄稿している。2017年からはCS放送スカイAのドラフト中継でも解説を務める。

井端弘和

（いばた・ひろかず）

1975年5月12日生まれ、B型。神奈川県川崎市出身。身長173センチ、75キロ。右投げ右打ち。堀越高から亜細亜大を経て97年ドラフト5位で中日入団。2013年には第3回WBC日本代表に選出される。2014年に巨人へ移籍し、15年限りで現役引退。ベストナインは5度、ゴールデングラブ賞は7度、2013年WBCベストナインをそれぞれ受賞。16年から巨人内野守備・走塁コーチとなり、18年まで在籍。侍ジャパンでも内野守備・走塁コーチを務め、強化本部編成戦略担当を兼務。現役生活18年の通算成績は1896試合出場、打率2割8分1厘、1912安打、56本塁打、510打点、149盗塁。

Staff

企画・編集　株式会社ネオパブリシティ(五藤正樹)
デザイン　金井久幸＋藤 星夏(TwoThree)
撮影　為広麻里
校閲　小島祐未子

日本野球の現在地、そして未来

第1刷　2024年3月29日

著者　井端弘和　西尾典文

発行者　菊地克英

発行　株式会社東京ニュース通信社
〒104-6224　東京都中央区晴海1-8-12
電話 03-6367-8023

発売　株式会社講談社
〒112-8001　東京都文京区音羽2-12-21
電話 03-5395-3606

印刷・製本　株式会社シナノ

ISBN 978-4-06-535048-5